Traverser l'épreuve

Marie-Paul Ross

Traverser l'épreuve

Comment activer notre potentiel de vie

FIDES

La collection « Corps et Âme » est dirigée par Hélène-Andrée Bizier.

Pour ne pas alourdir le texte, nous nous conformons à la règle qui permet d'utiliser le masculin avec la valeur de neutre.

Catalogage avant publication de Bibliothèque et Archives nationales du Québec et Bibliothèque et Archives Canada

    Ross, Marie-Paul, 1947-

    Traverser l'épreuve

    (Collection Corps et âme)

    ISBN 978-2-7621-3011-9 [format papier]
    ISBN 978-2-7621-3182-6 [format électronique]

1. Événements stressants de la vie. 2. Résilience (Trait de personnalité). 3. Souffrance - Aspect psychologique. 4. Changement (Psychologie). 5. Événements stressants de la vie - Cas, Études de. I. Titre. II. Collection : Collection Corps et âme.

BF637.L53R67 2010   155.9'3   C2010-940314-2

Dépôt légal : 1er trimestre 2010
Bibliothèque et Archives nationales du Québec

© Éditions Fides, 2010

Les Éditions Fides reconnaissent l'aide financière du Gouvernement du Canada par l'entremise du Programme d'aide au développement de l'industrie de l'édition (PADIÉ) pour leurs activités d'édition. Les Éditions Fides remercient de leur soutien financier le Conseil des Arts du Canada et la Société de développement des entreprises culturelles du Québec (SODEC). Les Éditions Fides bénéficient du Programme de crédit d'impôt pour l'édition de livres du Gouvernement du Québec, géré par la SODEC.

IMPRIMÉ AU CANADA EN MARS 2010

Je dédie cet ouvrage aux enfants,
aux jeunes et aux adultes
qui ont eu le courage de se relever
en témoignant dans leur histoire personnelle
du triomphe de la vie et de l'amour.

Récit liminaire

Quatre pommiers des quatre saisons se rencontrent et entrent en conversation.

À la vue du pommier fleuri, le pommier en bourgeons s'écrie : « Que vous êtes beau ! »

Le pommier en fleurs, se tournant vers le pommier chargé de fruits, demande un peu inquiet : « Mes fleurs éclatantes donneront-elles des fruits exquis ? »

Le pommier d'automne, qui bientôt sera dépouillé de ses feuilles et de ses fruits mûrs, confie à son tour au pommier d'hiver : « Je redoute la saison morte. »

Le pommier d'hiver dit alors à ses compagnons : « Rappelons-nous que le fruit vient de la vie que nous avons portée, protégée, nourrie et qui, la saison venue, renaît. »

Merci pour la vie qui se renouvelle.

Merci pour la vie qui s'ouvre.

Merci pour la vie qui fructifie.

« Tout ce que je suis, c'est une chair,
avec un souffle et un principe directeur. »

MARC-AURÈLE
Pensées pour moi-même

« Et pourtant cette vie, dans sa profondeur
insaisissable, est étonnamment bonne. »

Etty HILLESUM
Une vie bouleversée

Introduction

Dans le but de faciliter la compréhension du modèle d'intervention globale en sexologie-MIGS et de son application clinique, j'invite le lecteur dans mon bureau d'intervention, dans ma salle d'atelier. L'Institut international de développement intégral-IIDI, fondé en 2003, offre des formations individuelles ou en groupe dans le but d'habiliter la personne à traverser les épreuves inhérentes à la condition humaine et à être fidèle à son être réel.

Au cours de mes interventions, la rencontre avec «la personne authentique» constitutive de chaque être humain m'a confirmé que dès sa conception, un être unique apparaît sur terre. L'union d'un ovule, de la taille d'un petit point, et d'un spermatozoïde microscopique donne lieu à la création d'une personne, une réalité qui invite à l'émerveillement. La multiplication de cette nouvelle cellule appelée zygote ainsi que son développement sont à l'origine de la formation d'un nouvel être singulier.

Paradoxalement, la génération d'un être humain – sa conception et son autogenèse –, réalité mystérieuse qui émerveille, n'est pas toujours accueillie avec respect et ravissement. Dès le début de son existence, cet être sans défense, si petit soit-il, porte déjà l'expérience d'être aimé et accueilli, ou rejeté et annihilé.

Nous voici devant cette réalité de la transmission du bien et du mal. L'amour vrai, qui est l'essence même du bien, humanise ; le manque d'amour ou le non-amour, source du mal, déshumanise. On peut en effet déceler dans tout désordre humain une blessure d'amour.

Dans cet ouvrage, je propose une démarche humanisante : travailler au triomphe de la vie et de l'amour. Toute personne est appelée à affronter des épreuves qui menacent son être même. Cette lutte peut s'initier dès les premiers instants de son existence quand elle est conçue dans la violence. Le combat peut s'initier lors de la gestation, lors de complications d'ordre psychique et physiologique vécues par la mère, ou à cause de conditions défavorables du milieu. La vie sur terre, qu'elle soit de courte ou de longue durée, oblige, à travers les obstacles et les vicissitudes, à choisir la fidélité à son être.

Mourir avant de naître ou après avoir célébré ses cent ans est un acte lié à l'existence terrestre. Le mystère qui entoure ce passage fait partie des questions existentielles auxquelles tout individu est confronté dès l'éveil de sa conscience. Les hypothèses sont multiples. Les uns croient que l'âme se donne un « corps de ressuscité », généralement invisible aux humains. D'autres s'attachent à la possibilité pour l'âme d'habiter un nouveau corps. Cette croyance en la réincarnation est devenue très populaire au cours des dernières décennies. Il en est cependant qui pensent que tout – corps et âme – prend fin avec la mort.

Quelles que soient nos croyances, il reste que le temps de vie sur terre se situe entre la conception et la mort. Ce sont par ailleurs les rencontres avec des gens de diverses croyances qui m'ont amenée à penser que l'essence même de l'être – la vie, le souffle – n'a pas de fin. Ni l'épreuve ni la mort ne peuvent mettre fin à l'être profond.

Cette conviction n'a évidemment rien d'un théorème. Si la venue sur terre d'un être humain marque le début d'un être sans fin, fondamentalement inscrit dans l'Amour, quelle sera alors ma conception de l'humain et de la mission de chacun sur la terre ?

Notre vision terrestre, même avec les microscopes et les télescopes les plus puissants, demeure limitée. C'est davantage à l'aide de l'inspiration profonde, de l'écoute intérieure et de l'expérience spirituelle que l'être humain peut scruter cet au-delà invisible et réel.

L'essai n'a pas pour but d'élucider le mystère de la vie et de la mort ni celui de notre destinée après la mort. J'invite plutôt le lecteur à saisir le mouvement de résurrection que toute personne porte et est appelée à vivre tout au long de son existence.

Je veux ainsi, à l'aide de faits vécus, rappeler ce mouvement constant entre la vie et la mort. Nous savons bien que trop souvent la mort semble vaincre mais, en me référant à mon expérience clinique, je peux affirmer que le potentiel de vie est plus puissant. Chaque personne a besoin d'activer son potentiel de transformation tout en étant fidèle à son être profond qui est fait pour la vie et l'amour.

Les situations présentées ne sont pas exclusives à un individu. J'ai choisi d'exposer des faits vécus rencontrés chez au moins cinq personnes. Dans l'ouvrage, je décris les faits en relatant ce qui caractérise une personne. Pour assurer l'anonymat, j'ai donné des noms fictifs et adapté quelques détails. Je crois opportun de préciser que ces personnes ont autorisé la publication de leur témoignage. Les événements sont authentiques et les récits permettent de mieux comprendre ce qu'un être humain peut vivre en silence. En écrivant cet essai, je souhaite contribuer à la formation d'intervenants de plus en plus compétents pour soulager la détresse humaine.

Ma principale préoccupation a été d'aider la personne à récupérer ses forces. Des parents sont venus avec leurs petits. Des adolescents se sont présentés timidement par suite du désarroi de leurs parents. Quant aux adultes, ils cherchaient un allié, un guérisseur du mal de l'âme, un dernier recours, peut-être, après des années de thérapie.

Les parents apprennent à être les thérapeutes de leurs enfants. Le jeune et l'adulte découvrent qu'ils sont pour eux-mêmes le meilleur aidant. L'appui reçu en dehors de soi demeure cependant crucial pour ranimer le souffle de vie et se sentir mieux outillé dans son processus de réalisation.

PREMIER CHAPITRE

Historique du MIGS clinique

À ma naissance, le médecin venu accoucher ma mère à la maison, après m'avoir déclarée mort-née, a annoncé que je ne vivrais pas longtemps, que je deviendrais un petit ange. Dès le début, donc, la vie a triomphé. Enfant de la campagne, j'étais fragile, timide, peureuse... Devant l'avenir, l'inconnu, je paraissais une enfant sans ressources, sur qui on fondait peu d'espérances. Facilement envahie par l'inconfort et les épreuves inhérentes à la condition humaine, j'éprouvais très souvent une sorte de mal-être. Mais à nouveau, la vie fut gagnante. Les grands vents du large de mon village natal, Sainte-Luce-sur-Mer, m'ont poussée de l'avant.

À l'école, du primaire au secondaire, j'avais beaucoup de difficulté et n'arrivais pas à m'intégrer. À mesure que s'accumulaient les échecs scolaires grandissait mon envie d'abandonner les études. Avec persévérance, j'ai quand même réussi à terminer ma onzième année générale à l'âge de 17 ans.

Adolescente gênée et inhibée, je fuyais les occasions de rencontrer du monde et j'étais incapable de parler en public. Je préférais m'isoler et rester à la maison ; j'avais en aversion les visites et les voyages. Quant aux « choses » sexuelles, sujet tabou, je n'y comprenais rien, je ne m'y intéressais même pas. Sans perspective d'avenir, mon horizon, au lieu de s'élargir, se rétrécissait.

Comment, dans ces conditions, ai-je réussi à devenir religieuse infirmière, missionnaire, appelée à voyager dans de nombreux pays? Comment expliquer que, depuis plus de trente ans, je donne des conférences et des cours, j'anime des sessions de groupes allant d'une dizaine à des centaines de personnes? Comment ai-je pu obtenir une maîtrise en counseling sexologique et un doctorat en sexologie clinique?

C'est précisément en interrogeant, en scrutant, en ouvrant l'horizon que, peu à peu, j'ai surmonté mes peurs et mes inquiétudes face à l'avenir. J'ai dit «oui» à la vie et à la mission pour laquelle j'étais sur la terre. Si j'avais survécu à ma naissance et aux premières années de ma vie, c'est sans doute que j'avais ma place ici-bas.

Même si durant mon enfance et mon adolescence, à l'école ou à l'hôpital, j'ai parfois été traitée durement par des religieuses et des prêtres, j'ai répondu à l'appel de la vie religieuse. La souffrance humaine, la pauvreté et ma propre détresse m'ont conduite à me consacrer à des causes humanitaires. J'ai été interpellée par ces religieuses missionnaires qui vouaient leur existence aux plus pauvres et faisaient de leur vie un signe visible d'amour et de don. J'ai choisi de devenir ce que j'étais appelée à être.

À cause de problèmes de santé et de mes difficultés à communiquer, ce choix de vie a souvent été remis en question par les autorités religieuses. Mais je crois fermement qu'à l'intérieur de chaque être humain, il y a la Vie qui indique la direction. Il y a cette Présence qui procure sécurité et paix. Pour moi, c'est le divin, l'expérience spirituelle authentique qui a été fondamentale dans mon itinéraire personnel et professionnel.

Au cours des années, la principale épreuve aura été de concilier une santé fragile avec les exigences de la mission. Ces combats ont aussi été de précieuses occasions de croissance et d'apprentissage. À titre d'infirmière, j'ai cherché à comprendre les facteurs qui favorisent la santé physique et psychique, ou qui lui nuisent. La sexualité blessée, l'affectivité brisée, le vide spirituel, le corps portant la marque d'angoisses non traitées ont été les principaux éléments qui ont orienté ma pratique.

J'ai donc commencé timidement à proposer des programmes d'éducation sexuelle auprès des jeunes, des enfants d'âge scolaire et de leurs parents. Par la suite, j'ai collaboré à la formation de jeunes en recherche de leur choix vocationnel. La promotion d'une sexualité saine pour la vie en couple ou le célibat consacré m'est apparue essentielle. Dès le début, il m'a paru évident que l'être humain porte en lui une pulsion de vie et d'amour qui le pousse à se réaliser dans sa mission d'être.

J'ai eu à briser des barrières, en dépit des appels à la prudence. J'ai rencontré de l'opposition parce que j'associais spiritualité et érotisme. Et j'ai souvent été appelée à dissiper la confusion qui régnait à l'intérieur même de l'enseignement universitaire. Pour moi, des réalités devenaient de plus en plus claires et je les résume ainsi :

> Aimer une personne, c'est lui offrir le meilleur, mais avant tout, la conduire au meilleur de ce qu'elle est.

> Aider une personne, c'est non seulement l'amener à se sentir bien, mais avant tout, à croître.

En côtoyant de près les gens, j'ai compris que la sexualité est pour l'être humain une pulsion de vie et d'amour, une poussée de croissance vers la maturité qui permet d'aimer véritablement et librement. Désireuse de promouvoir la dignité humaine, j'ai cherché à faire de chaque service l'occasion de mener l'être humain à une plus grande réalisation de soi.

J'ai travaillé en équipe. Je suis devenue coopérante volontaire avec le CECI – Centre canadien d'étude et de coopération internationale. Cela m'a amenée à développer une réflexion davantage scientifique, à mieux organiser mes interventions et à fonder un centre favorisant la collaboration pluridisciplinaire. En cours de route, les épreuves et les critiques m'ont aiguillonnée et m'ont permis d'avancer sur des chemins inconnus. Il n'empêche que bien des raisons m'inclinaient à tout lâcher ; une seule me permettait de reprendre le collier et de continuer : le « oui » à la vie, qui passe par des « oui » quotidiens.

Mes études en sexologie sont venues confirmer mes interventions initialement intuitives. Ces études m'ont fourni les matériaux scientifiques nécessaires au développement d'un nouveau modèle pour une intervention sexologique intégrative. La théorie est présentée dans l'ouvrage *Pour une sexualité épanouie*. J'ai donc proposé le MIGS – modèle d'intervention globale en sexologie, qui permet l'intégration des composantes physique, affective et spirituelle, favorise la compréhension du fonctionnement de l'être humain, sa croissance personnelle, ainsi que l'atteinte de la maturité affective et un développement sexuel plus harmonieux.

J'ai vécu dix-huit ans dans des pays du « tiers monde ». J'ai appris à accueillir et à traverser mes désarrois. J'ai également appris à m'émerveiller devant le potentiel et la créativité de l'être humain. Depuis l'année 2000, je me sens davantage appelée à vivre dans mon pays d'origine. J'y vois les mêmes besoins et j'y entends les mêmes demandes. Afin d'offrir des outils pour une meilleure gestion de la santé globale, j'ai mis sur pied l'Institut international de développement intégral-IIDI. C'est grâce à l'appui d'une équipe soucieuse de contribuer au mieux-être des humains que cet institut progresse.

C'est donc la détresse humaine et la force de la vie qui m'ont orientée peu à peu sur des chemins imprévus et même hasardeux. Il me semble de plus en plus clair qu'accompagner une personne dans son processus de sexualisation, c'est-à-dire de croissance vers la maturité, c'est l'amener à récupérer dans son histoire les pierres avec lesquelles elle peut se construire, s'actualiser et réaliser sa mission.

La méthode clinique MIGS, qui offre des outils simples et efficaces, a pris naissance dans un contexte de catastrophe humaine.

Nous sommes en 1991, je suis attendue à Pacay Huayco, un petit village péruvien tout près d'Ayacucho, reconnu comme un foyer d'activités terroristes. L'avion de la compagnie Aero Peru de Lima s'est posé à Cuzco où tous les passagers descendent à l'exception d'un homme et moi. Une agente de bord s'approche pour s'assurer que nous allons toujours à Ayacucho. Devant nos réponses affirmatives, elle se prend la tête à deux mains et nous dit : « Soyez très prudents. » Puis, se dirigeant vers la cabine de pilotage, elle se retourne brusquement : « Revenez vivants ! » Je commence alors à sentir la peur, dans ma gorge et mes jambes. Je dois respirer profondément pour sentir un léger soulagement.

Par les haut-parleurs de l'avion, j'entends : « Maintenant Aero Peru se transforme en Aero Terreur. Nous atterrirons à Ayacucho dans une demi-heure. » Là, je deviens terrorisée : « Je mets ma vie en danger. Suis-je folle ou suicidaire ? » Je ferme les yeux, ça bouge dans tous les sens, et j'ai heureusement le réflexe de respirer plus profondément. Après quelques secondes, je me mets à frapper du talon, en alternant gauche, droite. Mon cœur palpite comme si j'escaladais le Machu Picchu en courant. J'abaisse la tablette devant moi et je commence à faire les mêmes mouvements avec mes doigts. Tout mon corps entre dans un rythme harmonieux, une respiration profonde – j'inspire la sécurité et j'expire la peur –, les pieds et les doigts suivent naturellement un mouvement régulier en alternance gauche, droite. Comme venant du fond de moi m'apparaissent le sens de ma vie, mes désirs profonds, pourquoi je suis missionnaire... Autant au niveau émotionnel je ressens de frayeur, autant au niveau affectif un calme et un sentiment de sécurité s'installent. Comme si la force de vie en moi envahissait mon corps, ma pensée, enfin tout ce que je suis.

L'avion commence sa descente, je respire calmement et profondément. Je suis bien vivante et en possession de mes moyens. J'ai la certitude d'une présence réelle, à la fois plus que moi et partie de moi. Profondément chrétienne par mon éducation, une parole monte en moi: «Merci mon Dieu et protège-moi.» Ces mots se répètent comme une berceuse.

Après l'atterrissage, l'équipage de l'avion est demeuré à l'intérieur. L'hôtesse de l'air nous dit, à nous qui étions des étrangers, des blancs aux yeux bleus: «Vous êtes les seuls à descendre. Courage!» Derrière moi, la porte de l'avion se referme très vite. En bas de l'escalier, devant nous, une haie de soldats, longue d'au moins 200 mètres. Tous sont armés, leurs fusils pointés vers le centre. Le gars devant moi se tourne en disant: «Nous sommes en danger.» Un homme en habit militaire me fait signe: «Pare», c'est-à-dire «Arrêtez-vous.» Il nous fait passer un à la fois. À nouveau, je respire profondément et balance légèrement les bras. Mon tour arrive de traverser cette haie de guerre. Je marche avec tout mon corps, le mouvement de marche s'harmonisant avec mon être. Je regarde droit devant moi. Je récupère ma valise et vais à la rencontre d'Iñez, une consœur qui vit à Pacay Huayco. En riant nerveusement, je lui lance: «C'est toute une haie d'honneur!» Elle me répond: «No has visto nada» («Tu n'as rien vu»). Nous sortons de la ville, à l'allure d'une ville fantôme, en nous dirigeant vers les montagnes.

En route, nous traversons des petits villages récemment brûlés. Iñez me raconte les drames et les atrocités vécus dans ce coin du monde où la violence est le pain quotidien. Au lieu de demeurer figée comme je le faisais lors de mes premiers pas en Amérique du Sud, j'ai naturellement recours à la respiration abdominale. Je bouge mes pieds et mes doigts sur mes cuisses, en alternant gauche, droite.

Je me suis rappelée ce temps de formation en cri primal au Québec. J'avais eu la chance d'avoir ma chambre dans un recoin, en haut dans une aile à l'écart du groupe. J'étais tout près de l'escalier de sauvetage. Comme la vie est bonne. Loin de respecter la consigne de demeurer tranquille, en silence, et de rester en contact avec le malaise intérieur, j'ai pris la clé des champs. Chaque jour, je sortais par l'escalier de sauvetage, je traversais le champ, j'entrais dans la forêt et je marchais des heures dans des sentiers. Je marchais avec tout mon corps. Je pratiquais la respiration abdominale et regardais loin devant moi. Le murmure d'un ruisseau me ramenait des joies de mon enfance. Je crois que ces moments privilégiés m'ont servi lors de mon incursion au cœur du terrorisme. La marche bien faite est très thérapeutique.

Nous arrivons enfin au petit village où demeure Iñez. Sa résidence est rudimentaire. Ma chambre est petite, avec une mini fenêtre fermée par une grille de métal. Un matelas très mince sur une base de bois. Je me suis endormie au rythme de ma respiration.

Durant la nuit, je suis réveillée par des coups de feu; mais de façon spontanée je me replonge dans cet état de sécurité intérieure où je retrouve mon souffle de vie. Déjà à Lima j'avais dû m'habituer au bruit des armes à feu.

Avec le lever du soleil, quelques rayons atteignent mon lit de fortune. J'entends des cris, des pleurs, des lamentations. Inquiète, je me rends à la chambre d'Iñez. Avant même que j'ouvre la bouche, elle me dit : « Il s'est passé quelque chose de grave, comme d'habitude. » Nous marchons vers la place publique en face de l'église. Cette image est demeurée en moi. Au début, elle me terrifiait, mais elle est devenue un souvenir, triste réalité terrestre : la guerre.

J'aperçois l'église avec son clocher pointant vers le ciel, et sur la place en ciment brut, des corps étendus ensanglantés, certains défigurés. Je suis ahurie. Je dois tourner les yeux vers l'horizon et je les bouge sans arrêt, regardant le sommet des montagnes. Iñez reconnaît quelques victimes. Tous des jeunes hommes, à l'exception d'un homme plus âgé. Iñez dit : « Allons visiter les familles. Les gens seront inconsolables. C'est dangereux de demeurer ici. Les meurtriers nous surveillent sûrement. Nous devons nous soucier des victimes et des terroristes, tous ont besoin d'aide. »

En nous rendant chez une femme qui venait de perdre son dernier fils, je m'arrête tout près d'un petit garçon de 8 ou 9 ans, assis sur une roche au coin de la rue. Il ne bouge pas, les yeux fixes, les mains tachées de sang. Ses orteils sortent de ses souliers qui sont plus courts que ses pieds. Il est vêtu d'un chandail percé aux coudes, de jeans attachés avec une corde, d'un vieux chapeau. Je me penche vers lui. Il a un regard étrange. En posant mes mains sur ses jambes, je fais des mouvements gauche, droite. À travers les déchirures du jeans, ses genoux portent des signes de blessures récentes. Tout en respirant, je continue ces mouvements comme une danse. Soudain, il se met à pleurer en faisant avec ses pieds les mêmes mouvements que je faisais. Je respire très fort et longuement en faisant sortir et rentrer le ventre. Tout à coup, il me regarde. Il fait non de la tête, et par moments fixe la place où gisent les cadavres. Je lui demande de regarder plus loin, l'église puis le clocher et enfin le ciel bleu. Il me dit en pleurant : « Il y a des nuages. » Je lui réponds : « Oui. Dans la vie il y a des nuages » et j'ajoute : « Tu connais quelqu'un là ? » Il pleure à chaudes larmes : « Je les connais tous » et, signalant du doigt le corps le plus proche, il dit : « C'est mon père. » Je l'invite à regarder les montagnes au loin. Je le fais respirer et je continue les mouvements. Il suit mon rythme. Cela semble naturel et efficace.

Peu à peu, l'enfant se calme. Il bouge les pieds et respire au rythme de ma respiration. Je lui demande où il habite. C'est tout près. Nous y allons ensemble et entrons chez lui où je retrouve Iñez. C'est le petit-fils de la femme de la maison ; son père a été assassiné de la même façon à peine six mois auparavant et l'homme mort sur la place est en fait son oncle, le fils aîné de cette femme, qui remplaçait son père. Assise sur le bord d'un lit bancal, la grand-mère, en larmes, est inconsolable. Je lui applique donc le même traitement. Elle essuie ses larmes et se mouche avec le bas de sa jupe. Le plancher de la maison est en terre battue. La pièce est sombre, la lumière entrant uniquement par la porte. Le ciel est quant à lui d'un bleu ardent et chatoyant. La grand-maman porte une vieille veste déchirée par-dessus sa jupe noire délavée. Elle crie sa détresse. En montrant l'enfant, elle dit : « Il me reste seulement ce petit. Il aura sûrement le même sort que les autres. » Je la fais avancer pour l'asseoir devant la porte et lui demande de regarder le sommet des montagnes au loin, par-dessus le toit des maisons.

La chaise est branlante, recouverte d'une peau de vache séchée. Sûrement un objet antique, témoin silencieux de malheurs et de misères. Le garçon, étendu sur le côté du lit, respire fort. Iñez me parle de l'engagement et du mérite de cette femme courageuse.

La grand-mère nous raconte à nouveau le détail de l'événement : « Des membres d'un groupe terroriste ont frappé à la porte. Mon fils est allé se cacher derrière le rideau qui sépare la cuisine de la pièce à l'entrée. Ils ont défoncé la porte. Carlito [le garçon de 9 ans] s'est enroulé dans la couverture de laine. Ils lui ont donné un coup de bâton, puis ils ont pris mon fils, l'ont tiré dehors en hurlant de me taire. Je voulais retenir mon fils, ils m'ont poussée sur le lit. Mon fils criait : « Non, non, non ! Je dois rester avec ma vieille mère. » En reprenant son souffle, elle dit : « Je connaissais la suite… » Elle parle par saccades, en sanglotant. Je respire pour elle tout en faisant des mouvements en alternance sur ses genoux.

Tout d'un coup, la vieille dame repousse la touffe de cheveux qui couvre son visage et me regarde en expirant fortement. Son haleine sent la souffrance et le manque d'oxygène. Puis elle porte son regard au loin, essuie ses dernières larmes et lance avec force : « Je continue pour Carlito. » Comment fera-t-elle ? « Dieu m'aidera. » Et pointant la place : « Mon fils et

Dieu m'aideront. » Elle se lève et demande qu'on l'accompagne auprès des autres familles éprouvées par les actes de violence.

Je crois que ces deux rencontres m'ont mise sur la piste d'une méthode naturelle qui permet d'aider à récupérer d'un traumatisme, d'un deuil ou d'autres épreuves. Les traumatismes décentrent une personne et l'empêchent de bien vivre son quotidien. Les deuils et les chocs non traités contaminent l'aujourd'hui et paralysent toute tentative d'émancipation. La détresse, en somme, éloigne la personne d'elle-même, entrave son processus de croissance et gêne sa réalisation personnelle.

J'ai par la suite développé le volet clinique qui complète la théorie MIGS. Je précise que c'est en 2002, après mes études doctorales, que j'ai découvert l'effet d'une autre technique de bilatéralité compatible avec le MIGS : l'EMDR (Eye Movement Desensitization and Reprocessing), c'est-à-dire la désensibilisation et la reprogrammation par les mouvements oculaires de Francine Shapiro (1989, 2001 et 2007, dans sa version française). Le soulagement de la souffrance psychique par l'utilisation de mouvements oculaires EMDR s'intègre bien à la clinique MIGS. Depuis ce temps, cette technique de bilatéralité s'ajoute aux outils déjà utilisés dans la méthode MIGS.

Des paradigmes thérapeutiques me sont apparus très clairs. Je les présente en cinq catégories.

1. Traiter la personne dans son ensemble

La récupération se fait en tenant compte des aspects physique-érotique, affectif, cognitif-spirituel.

J'entends par récupération, se remettre en accord avec son identité profonde. Pour développer cette habileté à être fidèle à son être réel et unique, il importe d'être à l'écoute de son corps, de son expérience affective, de ses valeurs spirituelles et de ses pensées.

Considérer la personne dans toutes les composantes de son être favorise une analyse conforme à la réalité, un traitement de l'ensemble des facultés affectées et une récupération globale.

2. Ouvrir l'horizon

Amener la personne à sentir la globalité de son expérience et à regarder le monde qui l'entoure afin de l'engager dans le traitement qui comprend deux phases : se revitaliser et se libérer de ce qui fait mal. La personne aux prises avec un traumatisme a tendance à fixer son regard sur un point. Ouvrir l'horizon aide à reprendre contact avec ses potentialités et ses ressources.

Cette ouverture se réalise aussi en invitant la personne à envisager les conséquences de la situation ou de l'événement aux plans physique, affectif et spirituel. Par la suite, elle est entraînée à écouter aux trois niveaux la manifestation de la vie en elle et autour d'elle.

3. Travailler avec le corps

À la suite d'une difficulté ou d'un choc traumatique, il est essentiel d'assurer le traitement et la revitalisation du corps. Considérant que tout ce que la personne vit dans son affect, depuis le début de son existence, est inscrit dans le corps, il est indispensable pour le traitement d'adopter un modèle psycho-corporel. Les deux techniques de base qui ont inspiré la clinique MIGS sont la respiration thérapeutique et des mouvements impliquant en alternance les côtés droit et gauche du corps. La colonne vertébrale, étant le centre connecté au cerveau, module l'ensemble des mouvements. En plus d'engager les parties droite et gauche de la colonne dans des oscillations bilatérales (horizontales et diagonales), le centre du corps est aussi sollicité dans le sens vertical. Différents mouvements permettent d'ouvrir l'espace central qui a tendance à se contracter avec le temps et les difficultés existentielles.

4. Activer les pulsions et les motivations profondes

La personne apprend à récupérer ses forces et ses pulsions de vie pour traverser un moment difficile ou traiter un trauma passé demeuré fixé dans la zone amygdalienne (lieu privilégié d'élaboration émotionnelle dans le cerveau).

Toute personne possède aux niveaux physique, affectif et spirituel des capacités et des forces qui l'invitent à se réaliser. C'est le souffle qui vient de la respiration qui garde ces forces en mouvement. Au cours de la vie, une personne peut inconsciemment perdre sa capacité respiratoire et l'intensité de son potentiel.

La motivation d'une personne à se réaliser est liée au sens qu'elle donne à son existence et à sa mission particulière. La respiration et les exercices proposés favorisent l'activation de ces pulsions de vie, ouvrent de nouveaux horizons et, par conséquent, activent le potentiel de la personne.

5. Vouloir et croire

S'engager dans un processus suppose qu'on croit en son potentiel et qu'on veut se libérer de ce qui fait entrave à sa réalisation personnelle. On dit souvent, avec plus ou moins de conviction, «je crois» et «je veux». Ces affirmations sont au moins la manifestation d'un souhait qu'il est important de considérer. Chacun est invité à rejoindre la zone affective pour activer ces éléments indispensables à l'avancement et au succès d'un processus : croire en ses capacités et vouloir se libérer des entraves à son «vivre bien».

Le modèle clinique MIGS offre une réponse à des appels, à des demandes, à des besoins, et propose un dialogue sur ce qui constitue l'essence et l'essentiel de la vie et de l'amour.

En impliquant les différentes sphères du cerveau, le processus de compréhension, de traitement et d'analyse se vit de façon plus intégrale. La personne impliquée peut bénéficier d'un traitement plus court, plus profond et ajusté à l'ensemble de la réalité. La proposition clinique du MIGS est un outil récent qui n'a pas encore vingt ans, mais qui a déjà permis à des milliers de personnes de mieux se traiter et de s'épanouir en fidélité à leur être.

Ce modèle mérite d'être connu par le public en général et surtout par les professionnels en sciences humaines. C'est un outil d'intervention directe qui permet d'aller en profondeur. La formation d'intervenant suppose en premier lieu un travail sur soi. Le meilleur intervenant est avant tout celui qui a libéré, dans son histoire, ce qui fait entrave à son vécu quotidien et qui freine son processus d'autoréalisation.

Un accompagnateur peut être subitement pris au dépourvu si le face-à-face avec une personne vulnérable touche une réalité douloureuse consciente ou inconsciente qui n'a pas été traitée. Ce réveil d'une détresse cachée ou non avouée peut s'exprimer par un profond malaise. L'intervention s'en trouvera contaminée et l'intervenant se sentira fatigué et même incompétent. Dans ces circonstances, l'éthique professionnelle et la justice sont de mise. La personne aidée n'a pas à payer pour une désorganisation, souvent inconsciente, de la part du thérapeute. Les traumatismes non traités affectent toute la personne, peu importe sa condition sociale. C'est malheureusement un thème trop souvent négligé en intervention. Les réactions transférentielles sont puissantes et nécessitent un traitement spécifique.

L'état de l'accompagnateur est fondamental dans l'intervention. Autant il est un facteur aidant, autant il peut conduire à

l'avortement d'un processus. Accompagner une personne suppose de la part de l'accompagnateur un engagement à assurer
son bien-être et la liberté qui permet de guider dans le droit
chemin.

CHAPITRE 2

Présentation des données
de base en clinique

Le modèle MIGS a été inspiré par l'expérience aussi bien d'enfants que d'adolescents et d'adultes. Né de l'écoute de personnes de tous âges, le MIGS s'appuie sur le principe suivant : tout être humain est animé par trois pulsions qui correspondent aux dimensions érotique, affective et spirituelle. En tenant compte de ces trois sources spécifiques, l'initiation à l'autothérapie et le traitement qui s'y associe aboutissent à des résultats probants d'intégration et de croissance.

Toute intervention soutenue par le MIGS a donc pour but de promouvoir le bien-être global de la personne, en offrant une formation qui facilite l'intégration des aspects physique-érotique, affectif et spirituel-cognitif.

L'intervention cherche à favoriser :

L'équilibre psychique et émotionnel : habileté à maintenir une bonne hygiène de vie et un état émotionnel favorable à la croissance.

La maturité affective : habileté à vivre le processus de défusion (processus de sexualisation) pour atteindre l'autonomie affective adulte (l'état adulte).

La spiritualité intégrative : habileté à découvrir le lieu sûr en soi, cette source vive, qui assure l'intégrité de l'être humain et donne sens à sa vie – expérience d'une spiritualité authentique qui vivifie et permet l'atteinte de l'état adulte.

L'autonomie thérapeutique : habileté à l'autothérapie avec l'aide d'outils simples et accessibles. Amener la personne à jouir de sa capacité à se libérer de malaises affectifs qui vont à l'encontre de l'humain.

La réalisation personnelle : habileté à trouver et à réaliser sa mission, et à suivre son chemin de vie.

Le concept de bien-être global repose sur des valeurs fondamentales, présentées dans l'ouvrage *Pour une sexualité épanouie* et que je rappelle brièvement :

Le respect : reconnaître la valeur, la richesse, la qualité des personnes, de la nature et des choses, et en tenir compte.

La vérité : accueillir et assumer la réalité.

La liberté : être dans l'amour authentique et agir conformément à sa nature propre.

La fidélité : demeurer fidèle à son humanité et se conduire en accord avec son être profond.

Les quatre branches du logo de l'IIDI présenté au tableau 1 rappellent ces valeurs innées et essentielles. La base représente la croissance vers l'état adulte.

Le développement de la personne conduit à la découverte de la sécurité intérieure. Les trois cercles du schéma de base du MIGS représentent les trois composantes (érotique, affective, spirituelle) qui s'intègrent en formant une personne unifiée et réalisée dans sa sexualité et dans tout son être.

L'être humain, tout en étant habité par un élan en faveur de la vie et de l'amour, porte des blessures et des secrets douloureux. Le souhait est que toute personne – peu importe son âge, son état, sa condition – puisse se réaliser en fidélité à ce qu'elle est, à son « JE SUIS », représenté au tableau 2.

TABLEAU 1

Institut international de développement intégral

Logotype

Modèle d'**i**ntervention **g**lobale en **s**exologie

Schéma de base

Logotype

Composantes

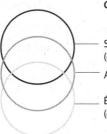

Spirituelle
(cognitive)

Affective

Érotique
(corporelle)

MIGS

TABLEAU 2

Être unique protégé contre le mal
➤ Une mission unique

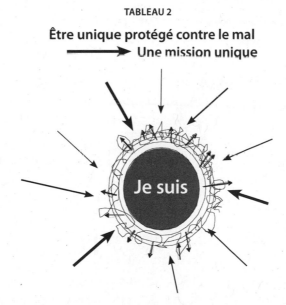

Je suis

Au centre, le «JE SUIS» désigne l'être profond. Dès sa conception, une personne commence à exister. Elle est unique dans sa constitution et sa mission. De plus, son statut d'être humain lui assure une protection privilégiée contre les attaques néfastes à son humanité.

Les maltraitances, les situations douloureuses peuvent être ressenties cruellement et inciter une personne à se vivre en dehors de ce qu'elle est. Les flèches représentent les attaques que subit l'être. L'attaque attire l'attaque. Il est facile d'observer ce phénomène dans l'histoire humaine. L'erreur principale qu'une personne peut faire, c'est de s'éloigner d'elle-même. C'est malheureusement ce que plusieurs font inconsciemment. L'effilochage autour du «JE SUIS» signifie que la personne sort de son être et vit à l'extérieur d'elle-même, en étant plus ou moins en disharmonie, mêlée...

Une personne qui souffre et qui réussit à entrer dans sa détresse, à la comprendre et à s'en affranchir va naturellement se dire: «Enfin je peux vivre! Je suis un être limité, fragile, mais debout et libre. J'ai en moi une sécurité que nul ne peut m'enlever.» Cette expérience ouvre à l'universel.

Le MIGS propose une ouverture aux autres de tous horizons, car le lointain ou l'ailleurs est plus proche qu'on ne le croit. L'autre nous apporte un éclairage nouveau, et il a besoin de notre ouverture et de notre quête. C'est en accueillant la réalité de son histoire et des événements qui l'ont marquée, et en se décontaminant de ce qui nuit à l'authenticité de son être que le «JE SUIS» se manifeste. L'existence humaine offre de multiples occasions de s'éloigner de soi-même. Il est capital pour l'individu de s'en rendre compte et de revenir à l'essentiel.

À bien des égards, il est avantageux de laisser le passé derrière soi; mais pour cela, il faut savoir se libérer des effets d'un passé douloureux et apprendre à devenir de plus en plus compétent aujourd'hui en tirant parti des erreurs passées.

Le but principal de l'intervention selon le MIGS n'est pas de retourner dans le passé, de reconstituer l'historique des événements passés, mais de traiter les malaises persistants et de récupérer ses forces. Un passé douloureux, non traité, empêche de vivre l'aujourd'hui. Laisser le passé dans le passé est un art.

Pour traiter, des éléments de base sont utilisés :

- *La détresse de l'individu* : la personne entre dans ses émotions en revivant l'expérience comme à l'époque où elle a souffert l'événement. En ressentant le malaise, elle apprend à faire face à la réalité émotionnelle qu'elle porte depuis longtemps et à la traiter.

- *La capacité de résilience de l'individu* : la personne aspire à se récupérer, elle apprend à ne pas rester contaminée par les effets d'événements douloureux. Des situations pénibles non traitées ont un pouvoir destructeur parce que l'émotion vécue demeure présente jusqu'à ce qu'elle soit libérée. La capacité de résilience est fondamentale pour traverser les épreuves et poursuivre son chemin en fidélité à son être.

- *La volonté de se libérer des traumatismes* : la personne s'ouvre à sa capacité de choisir de devenir bien. Des questions lui sont posées : Qu'est-ce que tu fais de ton malaise aujourd'hui ? Lui laisses-tu le pouvoir de t'envahir ? Un deuil et un traumatisme non traités peuvent être néfastes et amplifier les malaises inhérents à la condition humaine.

- *L'implication personnelle* : la personne s'engage au quotidien dans le processus de croissance. Elle doit perdre l'habitude d'être mal et renoncer à son conditionnement négatif. Elle aura à vivre le deuil de gratifications qu'un malheur peut apporter. Afin de survivre, en effet, une personne s'habitue au mal-être qui, d'une façon ou d'une autre, lui procure des raisons d'attirer l'attention et la sympathie.

La méthode

- Elle s'appuie sur la biophysiologie du cerveau. C'est en comprenant davantage le fonctionnement du cerveau humain que l'observation clinique trouve son assise scientifique. L'analyse du comportement d'une espèce tient nécessairement compte de son centre : le cerveau.
- Focalisante, elle traite les situations dérangeantes, ciblant la ou les souche(s) primaire(s) et secondaire(s). Tout événement perturbant, depuis le tout début de la vie, provoque des malaises qui s'enregistrent dans le corps et dans l'âme. Un être humain n'est pas fait pour être mal. Il a un besoin vital d'éliminer ce qui fait obstacle à son bien-être.

La méthode incite à :

- nettoyer le passé, c'est-à-dire traiter les blessures encore agissantes aujourd'hui ;
- accueillir le présent avec toutes ses richesses en actualisant son potentiel ;
- se projeter dans l'avenir en ouvrant les horizons déjà présents dans l'appel et la mission que chacun porte en soi.

Pour un meilleur accomplissement de soi, ce travail devient possible en considérant trois principaux courants de vie qui donnent de la force et alimentent la saine agressivité. Contrairement aux définitions classiques, je relie l'agressivité à la manifestation d'une pulsion permettant l'identification personnelle et sexuelle et rendant possible la fidélité à son être et la réalisation de sa mission particulière.

Je suis toujours navrée de constater le manque d'agressivité chez des personnes adultes. Elles ont beaucoup de potentiel, mais elles n'arrivent pas à se sortir de dominations de la part d'individus ou de groupes d'individus qu'elles disent aimer. Cette force intérieure, que je nomme agressivité, est un élément de base dans la réussite d'un processus de sexualisation (de défusion vers l'autonomie adulte).

Il est bon de rappeler les trois composantes qui font partie de l'expérience humaine en faisant ressortir qu'elles sont aussi les sources d'énergie à la base de l'accomplissement de l'être humain. Ces courants de vie sont en sorte un canal par lequel s'exerce la saine agressivité. Ces mêmes sources peuvent malheureusement être utilisées contre les valeurs humaines et conduire à des actes de violence et de destruction.

Dans le troisième tableau, je représente ces trois sources qui donnent lieu à trois plans d'observation.

TABLEAU 3

Trois sources d'énergie pour l'accomplissement de soi
Courants de vie qui donnent de la force
(saine agressivité)

Spirituelle : (cognitive)	Capacité de percevoir la réalité avec justesse Compréhension et analyse de situations réelles Recherche de solutions qui favorisent l'accomplissement de soi
Affective :	Motivation affective Expérience affective dominante Sens affectif donné à la situation Réponse à la pulsion affective qui incite à croître en fidélité à l'humain.
Érotique : (corporelle)	Aspect somatique (sensation dans le corps) Expérience émotionnelle enregistrée dans le corps Résonance du corps aux expériences vécues

La source *spirituelle-cognitive* permet naturellement un certain « bon sens », qui découle de l'observation attentive de la vie. La difficulté à percevoir la réalité selon les valeurs humaines fondamentales est, en soi, un signe de désorganisation. L'exemple suivant donne l'éclairage nécessaire.

Paul converse avec son fils Gino, un travailleur social de 31 ans. Depuis cinq mois, ce dernier fréquente une femme de son âge qui vit en couple et a deux enfants de 4 et 9 ans. Gino a pour sa part vécu une séparation l'année précédente et a la garde partagée de son fils de 6 ans. Paul essaie de faire comprendre à son fils que, souvent, l'émotion n'a pas de «bon sens». Il veut lui dire que c'est l'intelligence qui permet de distinguer ce qui est acceptable de ce qui ne l'est pas. Si l'expérience cognitive n'est pas soutenue par un équilibre affectif, elle pourra facilement être utilisée contre ce qui est fondamentalement humain : l'amour authentique.

Le discours de Paul et celui de Gino ne se situent pas dans le même registre. Par des exemples et des arguments, Paul essaie de convaincre son fils que c'est tout simplement dysfonctionnel de s'éprendre d'une femme mariée et mère de famille. Il suffit d'avoir l'âge de raison pour être en mesure de se faire une idée sur ce genre de situation. Quelle que soit la grille d'analyse – sociale, psychologique, sexologique –, toute personne raisonnable est capable d'en peser le pour et le contre. Gino affirme que c'est de l'amour et que son amante est prête à laisser son conjoint pour lui.

Au niveau cognitif, plusieurs situations semblent si évidentes qu'il est à se demander ce qui fait perdre la tête à des gens pourvus d'une intelligence jugée supérieure et bardés de diplômes. Tombée enceinte de lui, son amante s'est fait avorter. Comment comprendre que cette femme, professionnelle dans le domaine de la santé, ait pu avoir des relations sexuelles sans se protéger d'une grossesse non désirée ? Selon Gino, le plaisir en valait le risque.

Les exemples réels et concrets où il est clair que l'intelligence ne guide pas vers le chemin du « bon sens » humain sont légion. Pensons seulement à toutes ces guerres absurdes et funestes, à toutes les formes de corruption ou d'exploitation peu scrupuleuse… Il est facile de constater qu'avec, ou malgré, ses capacités cognitives, l'être humain peut aussi bien détruire que construire. Chacun défend son idée comme étant la meilleure et veut gagner à n'importe quel prix.

Loin de juger sévèrement ou de condamner ces égarements, le MIGS propose le chemin du « bon sens » humain. Pour cela, l'*affectif* devient le pôle central qui favorise cet équilibre pour une humanité harmonieuse. Cette source d'énergie profonde est innée et propre à l'espèce humaine. Le bien-être affectif permet de maintenir l'orientation humanisante et humanitaire tandis que le malaise affectif désoriente facilement de cet axe. La source d'énergie cognitive est facilement influencée par l'état affectif. Sous l'emprise d'un manque ou d'un malaise affectif profond, une personne peut adopter des conduites dommageables, aussi bien pour elle-même que pour les autres. Elle pourra utiliser sa capacité cognitive (intellectuelle) pour justifier ses positions. C'est d'ailleurs ce qui permet de comprendre le désordre social, que ce soit à petite ou à grande échelle. Une personne dotée d'une intelligence supérieure n'agit pas nécessairement au profit de l'humanité.

La situation de Gino qui défend la poursuite d'une relation amoureuse avec une femme déjà engagée avec un autre homme est nettement problématique. Certains courants de pensée essaient de justifier de tels choix, sous prétexte que chacun a le droit de choisir ce qui lui apporte du plaisir. Pourtant, il paraît évident qu'une personne ne peut s'engager dans une nouvelle relation sans d'abord clarifier, réajuster ou mettre fin à l'union existante.

La même grille peut s'appliquer au discours de nos chefs d'État qui justifient notre implication dans une guerre désastreuse, défrayée par les fonds publics, au détriment, qui plus est, des missions humanitaires. Les citoyens paient donc contre leur volonté pour des actions inhumaines. En rationalisant ses gestes, l'être humain peut tout justifier, mais ces discours habiles ont peu à voir avec la capacité de juger sainement des choses humaines.

En dépit des mises en garde de son père, Gino s'est jeté tête baissée dans cette aventure amoureuse. Une famille a été détruite, les deux enfants ont dû recevoir des traitements professionnels, le mari a sombré dans la dépression. Après deux ans d'amours tumultueuses, l'amante a voulu retrouver son foyer, mais tout était brisé. Meurtrie, elle s'est réfugiée dans l'alcool et est devenue une professionnelle en détresse, incapable de bien exercer sa profession. Gino est retourné vivre chez ses parents comme un adolescent désorienté. Il s'adonnait à des « trips de sexe », incapable d'établir une relation stable, encore moins de réaliser son rêve d'une famille unie.

La reconstruction de familles ou de couples peut s'avérer bénéfique, mais pas sous le coup d'une pulsion amoureuse aveugle et décrochée de la réalité. Un engagement implique tout l'être. La réussite d'une nouvelle alliance suppose que l'on a d'abord retrouvé un état de bien-être, lequel ne peut survenir que si l'on a traité le deuil conséquent à toute séparation.

Qu'il soit de l'ordre cognitif ou affectif, s'il n'est pas sous la gouvernance de valeurs et d'un bien-être affectif, l'agir engendre des dérèglements aussi bien dans le développement personnel que dans les relations humaines.

Peu importe les justifications d'ordre cognitif, c'est la source d'énergie affective qui assure le cheminement vers l'humain. Je compare la source affective à un GPS qui indique la route. À la moindre déviation, il indique la voie à reprendre. Situé au centre du cerveau, le système limbique est une sorte de GPS qui repère l'expérience affective. Ce dispositif (système affectif) peut se désajuster, se déboussoler par suite de traumatismes dont la source peut être très primaire. L'être humain étant bien fait, il possède la capacité de récupérer et de reprendre la maîtrise. Il est souhaitable que la motivation affective, l'expérience affective dominante et le sens affectif donné à la situation soient configurés selon le sens profond de l'humain. Les pulsions érotiques, affectives et cognitives, rappelons-le, peuvent être désorientées par des blessures non traitées. L'être humain est fondamentalement fait pour l'amour et en dehors de sa raison d'être, il perd la direction.

La troisième source, nommée *érotique-corporelle*, est à la fois soumise aux lois biologiques et à l'état affectif de la personne. Autant un environnement défavorable peut l'affecter, autant une gratification affective (bien-être) peut l'animer. Un malaise affectif nuit au bon fonctionnement du corps et interfère négativement dans sa chimie. Je présente au chapitre 3, n° 5 un résumé de la recherche de Pert (1997) qui traite de la molécule de l'émotion. Elle montre que l'émotion est un élément chimique qui se loge dans les cellules. Ces molécules peuvent être bénéfiques ou dommageables.

Les trois sources d'énergie donnent lieu à trois plans d'observation présentés au tableau 4. Le MIGS est une école qui invite chacun à être son propre thérapeute. Celui ou celle qui se forme au MIGS est appelé à évaluer son expérience, à l'accueillir et à la traiter adéquatement. Cet apprentissage tient compte des trois sources d'énergie, des trois plans d'observation, tout en considérant les contenus existants. Un exemple simple, représentatif de multiples situations semblables, suffira pour illustrer ces notions de base, en particulier la réactualisation d'un traumatisme psychique non résolu. Compte tenu que le centre émotif du cerveau enregistre les différentes expériences sans en assurer l'ordre chronologique, une émotion, une frustration affective vécue dans l'enfance peut être transférée, projetée dans une autre situation à l'âge adulte.

Sylvie, 52 ans, se fâche contre sa mère de 87 ans qui a oublié l'anniversaire de son mariage. De telles attentes et déceptions se rattachent à un oubli qui peut faire souffrir un enfant, pas un adulte. Sa colère laisse voir un contenu transférentiel significatif. La réalité (contenu manifeste) est qu'étant enfant Sylvie s'est sentie abandonnée quand sa mère a oublié son anniversaire de naissance.

Elle a de la difficulté à identifier le contenu problématique. Sa réaction d'adulte est clairement disproportionnée à l'événement déclencheur (l'oubli de sa mère de 87 ans). Devant l'interpellation : « D'où vient votre colère ? » elle s'enlise dans un discours défensif qui ne tient pas. Prenant conscience du contenu défensif, elle ouvre enfin la porte à l'intervention (contenu intervention). Elle traite son malaise d'enfant blessée : « Je me disais que ma mère n'était pas ma mère, qu'elle m'avait ramassée dans la rue et ignorait ma date de naissance. C'était au cours de vacances en famille. Je me cachais pour pleurer. »

TABLEAU 4

Trois plans d'observation

Plan spirituel

Plan affectif

Plan érotique

Pour chacun des plans, l'accompagnateur est invité à évaluer l'influence et l'intensité de contenus existants :

C.T.   contenu transférentiel : une situation non résolue risque de se transférer à une autre circonstance ou à une personne qui n'est pas la bonne cible

C.M.   contenu manifeste : physique, concret, réel : la réalité qui entoure une situation, sa nature et son évidence

C.P.   contenu problématique : l'identification de ce qui cloche dans la situation, de ce qui fait obstacle dans la voie à suivre

C.D.   contenu défensif : l'attitude de survie devant une situation douloureuse, intenable ou lourde à porter

C.I.   contenu intervention : la façon d'accueillir, d'analyser et de traiter une situation pour l'assumer et grandir

C.G.   contenu gratification : la force, l'expérience, les aptitudes développées suite à la résolution d'un événement douloureux

L'observation intime de son malaise a permis à Sylvie d'expérimenter le bien-être que procure la résolution d'événements douloureux (contenu gratification). La personne qui réussit à traverser des situations pénibles récupère une force nouvelle qui l'invite à poursuivre sa route et à se dépasser. L'épreuve devient en sorte une occasion de développer son potentiel. Les réactions de transfert sont multiples et trop souvent évaluées de façon inadéquate. Pour bien accompagner une personne et évaluer correctement une situation, les plans d'observation sont des outils efficaces et permettent une vue d'ensemble nécessaire à une intervention efficiente.

Aux sources d'énergie et aux plans d'observation s'ajoutent les domaines fondamentaux qui permettent à une personne de se prendre en charge en évitant de s'empêtrer dans des complexités lors du traitement de malaises affectifs. Je fais référence à la responsabilité, à la sécurité et au choix personnels. Ces domaines représentés au tableau 5 sont déterminants pour l'autonomie thérapeutique. Même si une personne adulte est toujours responsable de ses actes, elle n'en est pas nécessairement coupable. L'investigation des états d'âme et des circonstances d'un acte conduisent souvent à des réalités insoupçonnables. Une personne peut se sentir coupable d'avoir posé un geste qu'elle ne voulait pas faire. Ces attitudes sont souvent des réactions irrationnelles (actes réflexes) suscitées par des malaises psychiques enfouis dans l'histoire personnelle.

Devant un événement traumatisant ou une conduite dysfonctionnelle, la personne est invitée à évaluer la situation en tenant compte de son degré de conscience, de sa capacité d'analyse et des décisions qu'elle prend. Prenons comme exemple la situation suivante.

Lucie, 21 ans, décide de se lancer à la découverte du monde. Malgré les appréhensions de ses parents, elle organise un voyage au Pérou. Elle souhaite ardemment atteindre le Machu Picchu. Elle part donc, sac au dos, avec une amie de son âge.

Après l'atterrissage à Lima, elles acceptent la première proposition d'un chauffeur de taxi qui leur offre un prix rabais pour les conduire au centre-ville. Elles ignoraient que dans plusieurs pays il y a des taxis enregistrés, mais également un grand nombre de taxis populaires plus ou moins recommandables.

Elles respirent l'air chaud et humide du mois de décembre et prennent place dans une vieille Ford des années soixante. Elles remarquent que le chauffeur retire prestement l'enseigne sur le

TABLEAU 5

Domaines fondamentaux pour traiter un malaise

Responsabilité personnelle : Le sentiment de négligence présent dans le traumatisme.

Ce n'est pas de ma faute	C'est de ma faute
Je ne le voulais pas	Je le voulais
Je le veux	Je ne le veux pas

Distinguer la saine culpabilité de la culpabilité malsaine et de l'absence de culpabilité pour mieux préciser le degré de responsabilité et former à la conscience éclairée.

Sécurité personnelle : Le sentiment d'impuissance présent dans le traumatisme.

Je me sens vivre	Je me sens mourir
Je veux vivre	Je veux mourir
Je peux	Je ne peux pas
Je suis fort	Je suis faible
J'ai du pouvoir	Je suis impuissant

Distinguer la manifestation de l'angoisse d'un désir récurant pour mieux activer le potentiel de réussite.

Choix personnel : Le sentiment d'un mauvais choix est présent dans le traumatisme.

Je m'engage	Je ne m'engage pas
Je me prends en main	Je me laisse aller
J'ai la maîtrise	Je n'ai pas la maîtrise

Les conditions essentielles pour traiter un malaise : croire, vouloir, pouvoir. Ces attitudes intérieures doivent être constamment activées pour affronter les difficultés et les réalités existentielles.

toit de son taxi, mais elles n'y prêtent guère attention, captivées par la nouveauté et l'activité désordonnée du lieu. Des motocyclistes sans casque protecteur, une famille complète sur un seul vélo, des maisons rudimentaires et pittoresques... défilent devant elles. Étrangement, au lieu de les conduire au centre-ville où elles voulaient loger dans un petit hôtel bon marché, le chauffeur les amène à une résidence éloignée de la route. Il les invite à un lunch – fruits, jus de légumes, pain, fromage. L'homme se montre accueillant et très serviable. La pièce où elles se trouvent inspire confiance. Après un moment d'inquiétude, elles acceptent l'invitation, croyant avoir découvert un pays de rêve, peuplé de gens chaleureux.

Elles n'ont jamais atteint la terre du Machu Picchu. Elles se sont plutôt retrouvées seules sur le bord d'un chemin, dépouillées de tout. Deux «bons samaritains» se sont arrêtés et leur ont porté secours. Ils les ont amenées au poste de police pour qu'elles puissent rapporter les faits et recevoir l'aide nécessaire. Comme elles ne pouvaient identifier précisément ni l'auto, ni le chauffeur, ni la maison, les agents ne pouvaient rien faire. Elles ont donc été reconduites dans un couvent de missionnaires. Elles s'y sont reposées quelques jours et ont pu communiquer avec leurs familles. Conduites à l'aéroport en toute sécurité, elles ont finalement pu retourner chez elles.

Les deux jeunes filles étaient évidemment traumatisées. Ayant refusé l'examen médical, elles ignorent ce qui a pu se passer durant le temps où elles «dormaient».

Avec Lucie, je mets en application la technique des domaines fondamentaux – responsabilité, sécurité, choix.

Lucie dit: «C'est de ma faute. J'ai entraîné mon amie dans ce pétrin.» Comment en arrive-t-elle à sentir que c'est de sa faute. Elle crie: «Je ne voulais pas ça!» Afin d'éviter qu'elle entre dans un sentiment de fausse culpabilité, je l'invite à refaire la lecture de l'événement tout en précisant ce qu'elle voulait et ce qu'elle ne voulait pas. Le récit est accompagné de pauses permettant la respiration thérapeutique et des mouvements de bilatéralité.

Elle finit par reconnaître qu'elle ne voulait pas ce qui est arrivé. «Je ne suis pas allée au Pérou pour ça. Je manquais d'expérience. Mes parents semblaient tellement inquiets. Mais tous les parents s'inquiètent quand leurs enfants s'éloignent de la maison. Des amis avaient fait ce voyage et ils avaient adoré ça. Ils avaient oublié de me dire que des connaissances étaient allées les chercher à l'aéroport et qu'elles s'étaient rendues à Cuzco avec eux.» Avec cette première partie du travail, elle arrive à se libérer de sa culpabilité.

Je lui demande ce qu'elle a trouvé de plus pénible. « Quand j'ai vu qu'il prenait un chemin qui s'éloignait de la route principale, j'ai eu très peur et je me suis sentie impuissante. J'imaginais un film d'horreur. En regardant l'homme bien habillé, gentil, qui s'intéressait à notre voyage, je me suis calmée et j'ai accepté le lunch. Je me souviens d'avoir mangé de la papaye. Je crois aussi avoir bu une boisson. Ça sentait les fruits. L'homme me regardait dans les yeux et souriait. Les missionnaires m'ont dit que certains malfaisants pouvaient hypnotiser ainsi quelqu'un. » « Qu'est-ce qui t'a fait le plus mal ? » « Je me sentais impuissante. C'est moi qui ai repris conscience la première. Je n'avais plus mon sweater ni mes sacs. Je me sentais tellement impuissante. Je voulais mourir. J'ai réveillé mon amie qui était à quelques pas. Elle était comme saoule. Moi qui ne crois en rien, je regardais le ciel et je suppliais Dieu de nous sauver. Je me suis levée, je cherchais du secours. Deux hommes dans une jeep verte se sont arrêtés. D'un air apeuré, l'un des deux m'a crié en français : "Qu'est-ce que vous faites ici ?" Je ne savais quoi dire, je pleurais, je tremblais, tout en soutenant mon amie qui demandait sans arrêt où nous étions. Ces hommes semblaient avoir plus peur que nous. Ils nous ont accompagnées jusqu'à la fin chez les missionnaires. »

Tout au long du récit, Lucie pleure, tremble et se fige. J'assure les respirations et les mouvements thérapeutiques comme si elle était sous respirateur artificiel. Elle réussit à traverser ce sentiment d'impuissance pour retrouver un sentiment de sécurité.

À la fin de la séance, elle s'engage à poursuivre les exercices d'autothérapie. Elle se montre confiante et choisit de se prendre en main. Un suivi aux quinze jours est assuré pendant deux mois. Le but de ces rencontres est de maintenir la persévérance dans les exercices.

Tout au long du traitement, Lucie a fait face à la dure réalité. Elle a su traiter les émotions qui surgissaient. Sa capacité de résilience s'est activée, elle a de nouveau ouvert son horizon.

L'année suivante, elle a pu monter, fière d'elle, le Machu Picchu en toute sécurité.

J'insiste sur le fait que l'être humain est bien constitué et qu'il a ce qu'il faut pour traiter les chocs ou les événements bouleversants. Encore faut-il en connaître les ressources et les modes de fonctionnement. Il est souhaitable que l'apprentissage de l'autothérapie soit de plus en plus connu. La consultation de spécialistes peut, bien sûr, être bénéfique, parfois même indispensable. Mais je me plais à répéter que la personne est plus compétente qu'elle ne le croit dans la gestion des difficultés existentielles.

L'histoire d'une personne se vit dans le temps. Un passé chargé d'affliction dont on ne s'est pas libéré empêche de construire le présent, qui est en quelque sorte vécu de façon fictive. L'adulte souffre ainsi de chagrins d'enfant et il n'arrive pas à actualiser sa force vitale.

Le tableau 6 résume l'essentiel de ces concepts liés à la réalité temporelle.

TABLEAU 6

Concept d'intervention triple

Pour transformer de l'information dysfonctionnelle accompagnée ou non de stress post-traumatique :

Régler le passé :
- Faire l'examen (nettoyer) des événements passés qui sont encore agissants
- « Travailler » le passé qui continue à influencer le présent
- Identifier l'état négatif en lien avec le passé

Ajuster le présent :
- Rétablir l'authenticité de son être
- Récupérer sa valeur personnelle
- Activer la source intérieure de vie et d'amour que rien ni personne ne peut contaminer
- Identifier l'état positif désiré pour le présent

Préparer le futur :
- Vivre l'aujourd'hui, qui devient aussi une promesse
- Donner au présent toute sa valeur pour ouvrir la porte à un futur gratifiant

Mettre à jour et guérir des traumatismes dont la source vient de l'enfance a souvent été considéré comme une tâche ardue et même impossible. Pourtant, de grands classiques en psychologie et en psychiatrie ont offert des propositions de traitement de l'inconscient. Il est vrai que la tâche paraissait laborieuse et accessible seulement à une élite.

Le MIGS clinique propose, en plus des données de base antérieurement présentées, un concept d'intervention triple. Afin d'éviter une invasion du passé dans le présent, il est primordial de liquider cet héritage de détresse afin de redonner au présent réel toute sa force.

Le concept d'intervention triple rappelle que la négation du passé, sous prétexte qu'il n'existe plus, est un piège puisque l'expérience vécue est reçue et portée par le corps et enregistrée dans le ressenti affectif. Il serait plus commode de croire que ce qu'une personne oublie ne fait pas mal. Tel n'est pas le cas chez le vivant. La mémoire moléculaire, aussi appelée émotionnelle ou sensorielle-affective, est fidèle au vécu. Elle n'a pas nécessairement la capacité de mémoriser les faits dans les moindres détails, mais le vécu émotionnel est conservé comme sur un disque dur. C'est avec ces informations que la personne peut revivre le film du traumatisme pour le traiter et l'assumer.

Loin de se trouver indéfiniment aux prises avec un choc psychique ou une détresse, une personne peut, à l'aide du ressenti émotionnel, entrer dans l'expérience et s'en affranchir. Le passé n'est donc plus cet ennemi caché qui agit par en dessous et empêche de bien vivre le présent. La pensée déterministe propagée ne tient plus. J'entends souvent dire qu'une victime d'acte de violence ou d'abus sexuel est «prise avec ça pour la vie». En m'appuyant sur l'histoire d'un grand nombre de personnes que j'ai accompagnées, je peux soutenir le contraire. Des épreuves, des violences, des abus… soufferts dans l'enfance ou à un autre âge de la vie, n'ont pas en soi un pouvoir absolu. Tout dépend de ce qu'une personne fait de son passé. Elle peut s'enliser dans la peine et l'abattement et rester identifiée à l'état négatif conséquent à ces malheurs («je ne suis rien»), ou les traiter pour construire et mettre à profit le présent.

Rétablir l'authenticité de son être en fidélité à son « JE SUIS » (présenté au tableau 2) devient garant d'un futur prometteur. C'est en vivant pleinement cet aujourd'hui qu'une personne s'épanouit et peut se permettre des rêves et des désirs ajustés à la réalité et par conséquent réalisables.

Rester accroché à des épisodes funestes de son histoire peut engendrer une vision mythique de la réalité. L'accablement ou l'angoisse ressentis dans un moment où ni l'environnement ni aucun danger imminent ne peuvent l'expliquer, viennent de faits pénibles qui n'appartiennent pas au présent. Je présente au tableau 7 ce transfert d'état à une période qui ne lui correspond pas au niveau historique. Dans le centre émotionnel (zone amygdalienne au niveau cérébral), il n'y a pas de classement chronologique, un événement passé peut se réveiller devant un simple fait qui ne fait que le déclencher.

J'illustre ci-dessous cette vision mythique (fictive) de la réalité actuelle.

TABLEAU 7

Vision mythique de la réalité actuelle

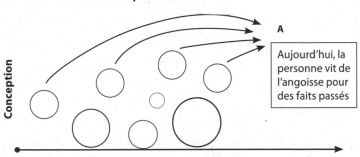

B. Traumatismes passés

A

Aujourd'hui, la personne vit de l'angoisse pour des faits passés

Conception

François, 39 ans, répétait à qui voulait l'entendre qu'il n'aimait pas le temps des vacances. Un soir d'été, alors qu'il était justement en vacances avec sa famille, il invita ses voisins à un feu de camp. L'homme assis à sa droite alluma sa pipe, comme il avait l'habitude de le faire dans des moments de détente. François se sentit alors envahi par un état d'angoisse, un serrement à la gorge et des palpitations. Incapable d'identifier ce qui lui arrivait, il demanda l'aide de sa conjointe, qui lui donna des calmants et le fit s'allonger dans une chaise longue.

Au cours de sa consultation, François, qui venait traiter le deuil de son frère décédé accidentellement, raconte incidemment cette anecdote comme un fait banal. Il avoue ne pas comprendre ce qui a pu provoquer chez lui une telle réaction. Il était détendu, heureux de recevoir ses voisins, qu'il ne fréquentait pas durant l'année. Comment une simple odeur de pipe pouvait-elle déclencher un si grand malaise. Je lui demande de se situer à ce moment précis, tout en l'invitant à pratiquer les exercices thérapeutiques.

L'odeur lui revient, comme si quelqu'un fumait la pipe tout près. Je l'invite à verbaliser ce qu'il ressent, ce qui se manifeste en lui. Parfois, il est envahi par le malaise ; à d'autres moments, il rit en répétant les mots vacances, pipe.

Je lui demande d'écrire ces mots avec la couleur qui leur est associée. Il fait signe que non et dit : « Ça n'a pas de sens. C'est le noir qui me vient. Je sens de la rage et de la peine. » Il réussit à demeurer connecté à son ressenti. À un moment donné, il se voit à 7 ou 8 ans sur le lieu de travail de son père. Pendant les vacances, il s'y rendait le midi pour lui apporter un repas chaud. Un employé l'accueillait en fumant sa pipe. Au lieu d'avertir tout de suite le père, l'employé faisait des attouchements sur le garçon en s'excitant sexuellement. D'un geste spontané, François dessine l'homme avec sa pipe et des pics à la place des doigts. La peine l'envahit et il se met à pleurer comme un bambin. Il pèse de plus en plus fort sur le crayon noir où sont les doigts. À nouveau, il ressent l'étouffement et les palpitations cardiaques. Je mets fin à l'attaque de panique en l'amenant à respirer de façon thérapeutique. Il reprend le contrôle et poursuit son travail. Devant sa crainte de ne rien comprendre, je lui assure que la compréhension vient après le travail. Il persévère dans les exercices proposés, expire sa peine et sa colère contre cet homme à la pipe.

Quand une personne souffre sous l'emprise d'une autre personne, elle ressent le besoin de régler cette souffrance à partir de ses tripes. Dans un travail thérapeutique en profondeur, c'est la loi viscérale qu'il faut appliquer. Il faut bien distinguer ici l'« acting out » d'une libération thérapeutique. Le premier est un geste déviant qui nuit, tandis que le second trouve son efficacité en respectant les trois lois thérapeutiques présentées au tableau 8. La colère est ressentie dans toute son intensité. La personne a la sensation de faire face à l'agresseur.

TABLEAU 8

Trois lois thérapeutiques

Dans tout exercice thérapeutique, il est essentiel de respecter trois lois fondamentales :

1. ne se faire aucun tort ;
2. ne faire aucun tort à personne ;
3. ne faire aucun tort à l'environnement immédiat, ni aux objets non utilisés comme moyens thérapeutiques.

Il est essentiel de limiter l'expression et le travail de libération aux moyens choisis pour réaliser ce travail. Advenant le cas contraire, l'exercice pourrait déclencher une crise d'hystérie, une perte de contact avec la réalité, des actes déviants, etc. Dans le respect des trois lois et à l'intérieur du ou des moyens utilisés, tout est permis.

Après avoir déterminé le moyen et les outils de travail (crayons, feuilles, pâte à modeler, coussin, etc.), la personne laisse l'émotion, l'anxiété, l'angoisse et le vécu s'exprimer le plus spontanément possible. Elle doit donc éviter de penser au contenu de l'expression, de réfléchir à ce qu'elle fait, de choisir entre les éléments qui se présentent, d'éliminer des données, d'évaluer son expression… Il est primordial d'être spontané et d'exprimer la première pensée ou image qui se présente. L'exercice consiste à laisser l'émotion diriger le travail de façon spontanée. Il s'agit d'exprimer tout ce qui vient, comme ça vient, sans rien réprimer.

Avec les outils proposés elle agit selon son ressenti. Il est même nécessaire d'en arriver à tuer la figure introjectée.

Ce travail permet à la personne d'atteindre le fond et de cerner la réalité de sa détresse pour mieux la traiter. L'analyse et le contrôle interfèrent négativement dans la méthode clinique MIGS. Ces réactions normales chez tout adulte compliquent le travail de libération, qui agit directement sur l'état émotionnel. Il est plus facile par la suite de comprendre son histoire et de faire des liens. Certains disent : « Peu à peu, je mets en place les morceaux du casse-tête de mon histoire. Maintenant, je peux la regarder en face. »

L'intervenant MIGS est un témoin de la restauration d'une œuvre d'art, avec ce qu'elle a d'abîmé et de sacré. La personne accompagnée est son propre maître d'art. Elle apprend à déceler ce qui était caché, se croyant d'abord incapable de le reconstituer. Elle en arrive peu à peu à redonner une couleur de vie et d'amour aux blessures les plus douloureuses. C'est à la fois un travail de restauration et de transformation.

Durant mes années vécues en Amérique Latine, j'ai souvent eu l'occasion de m'émerveiller devant de belles maisons fabriquées d'une matière première inusitée : des briques formées de terre, d'excréments d'animaux et d'eau. Ce mélange est déposé dans des moules et séché au soleil. Après la construction des murs, pour embellir et protéger la maison, une mince couche de ciment brut est appliquée. Avec la sensibilité artistique qui caractérise ces peuples, une peinture à l'eau renforcée à l'huile de moteur souillée ajoute de la couleur et de l'harmonie.

La personne a ce potentiel de récupérer dans son histoire les matières premières avec lesquelles elle peut construire. Les éléments douloureux qui ont fait entrave à son développement peuvent être recueillis et convertis en matériaux de croissance.

Demeurer victime permet à « l'agresseur » de continuer à exercer du pouvoir. La personne blessée et non guérie porte en elle l'émotion, et l'auteur du délit reste imprégné dans cette chimie émotionnelle. D'où l'invitation à nommer la réalité, à l'accueillir et à la traiter. Le tableau 9 rappelle ces étapes fondamentales à l'intervention.

TABLEAU 9

Trois étapes fondamentales à l'intervention

1. Nommer	- le ressenti dans le corps - l'émotion - le sentiment	nommer sans analyser ni minimiser ni dramatiser
2. Accueillir	- la détresse - le potentiel	accueillir sans juger ni condamner ni exagérer
3. Traiter	- se revitaliser - se libérer des malaises	traiter sans faire d'excès ni de compulsion

Un processus de guérison et de transformation est une « mission » à l'intérieur de soi. La personne écoute son vécu qui se manifeste par un ressenti physique-affectif-spirituel. L'ennemi empêchant sa pleine réalisation peut se cacher dans un malaise d'ordre physique ou affectif ou spirituel. Généralement, un traumatisme non traité sera ressenti dans les trois structures. Selon sa sensibilité, une personne le percevra davantage dans son corps, ou par un malaise affectif, ou par la perte de sens... L'écoute de son être intime permet de détecter les « ennemis » qui se cachent dans des malaises ou même dans des aspirations dysfonctionnelles.

René, diététicien, célibataire de 42 ans, ne peut résister à l'envie immodérée de manger des biscuits enrobés de chocolat. Dès qu'il se sent seul le soir, chez lui, il se sent envahi par un malaise. N'ayant pas appris à le nommer – « J'ai mal dans mon corps, dans mon âme... j'ai peur, j'étouffe, j'ai envie de mourir... » –, il ne sait pas non plus accueillir ce malaise et le traiter. Il porte en lui une angoisse de vie (risque de perdre la vie dès le début de son existence, dans l'état fusionnel). Cet ennemi intérieur l'habite depuis toujours. Il se souvient que, petit garçon, il allait dans le garde-manger, en cachette, s'empiffrer de biscuits. Il déclare : « C'était ma façon de rester vivant. »

Au cours de son travail thérapeutique, il découvrit qu'il avait été conçu d'un viol – son père était ivre et en colère contre sa mère – et qu'en outre il avait survécu à une tentative d'avortement.

Proche de la sœur de sa mère, il lui fit part de sa démarche thérapeutique et lui confia son soulagement d'être libéré de ce mal-être qu'il éprouvait depuis toujours. Avec beaucoup d'hésitation, sa tante partagea avec lui quelques révélations de sa mère. Ayant été violée par son mari, elle ne voulait pas être enceinte. Elle souhaitait le meilleur pour ses enfants. Dès qu'elle avait ressenti les signes d'une grossesse non désirée, son état de panique l'avait conduite à se mutiler le vagin et le col utérin avec des broches à tricoter. La tante raconte avoir été appelée d'urgence sur les lieux par le mari, inconscient du drame qui se jouait et désemparé devant sa femme qui pleurait, saignait et refusait de se rendre à l'hôpital. C'est à ce moment que la mère de René s'était confiée à sa sœur : « Je ne veux pas cet enfant du mal. »

La grossesse s'était quand même poursuivie. René s'est souvenu qu'avant de mourir – d'un cancer utérin – sa mère lui avait demandé pardon de ne pas l'avoir aimé. En évoquant ces réalités douloureuses, il reconnaît que les biscuits enrobés de chocolat lui avaient permis de survivre. C'était pour lui l'amour qu'il n'avait pas reçu dès le début de son existence. Par la suite, il fit le lien entre la forme de ses biscuits préférés, des whippet, et sa fixation sur les seins des femmes. Il avait même vécu deux ruptures amoureuses à cause de cet attachement excessif. Ses partenaires lui reprochaient de ne pas savoir explorer l'ensemble du territoire. Il avait même la phobie du vagin. Durant une rencontre, il dit spontanément : « Le vagin, c'est la porte de sortie de la mort. » Et il ajoute en pleurant : « Je suis né dans cette mort. »

Lors des séances accompagnées, René ne parlait pas beaucoup. Il ressentait fortement dans son corps l'attaque faite à sa vie. Il se recroquevillait, les bras croisés, le front en sueur. Devant son envie de mourir, j'insistais sur les exercices thérapeutiques, les mouvements stimulant des zones précises du cerveau et surtout la respiration thérapeutique. Entre les séances accompagnées, il était assidu dans ses exercices d'autothérapie.

Ce travail fut véritablement pour lui un processus de libération : « Je me suis libéré de ces molécules d'angoisse destructrices qui attaquaient mon corps et mon âme. J'ai passé quarante-deux ans en guerre contre la détresse de ma mère et de mon père, leur violence incarnée en moi. » René venait pourtant d'un milieu favorisé, quatrième enfant d'un couple uni que l'entourage admirait et enviait.

Chaque personne porte en secret son histoire tissée de joies, reçues ou données, et aussi de blessures, subies ou infligées à d'autres. Accueilli dans sa réalité et traité, un passé porteur de détresse peut se transformer en une plus grande capacité de vivre et donner à l'individu la possibilité d'accomplir sa mission unique.

La préparation pour affronter différentes éventualités s'avère importante. Il ne s'agit pas de craindre ce qui a la chance de ne jamais se produire, mais bien d'être outillé face à de possibles événements douloureux. Des mises en situation offriraient plus de sécurité et empêcheraient de sombrer dans l'impuissance, le défaitisme et la peur.

Je voudrais m'arrêter particulièrement sur cette dernière. Les peurs qu'une personne peut éprouver sont des émotions puissantes. Je m'inspire du modèle de Pert (1997) pour représenter, au tableau 10, les trois peurs fondamentales. J'ajoute pour chacune la composante principale, l'expérience et le ressenti selon le MIGS.

TABLEAU 10

Trois peurs fondamentales

La peur	Les composantes	L'expérience	Le ressenti
Peur de mourir	Érotique	Fin du corps (être mort)	Je ne suis rien
Peur de perdre l'amour	Affective	Fin de l'être (être anéanti)	Je suis inexistant
Peur d'être damné	Spirituelle	Fin du sens (être mauvais)	Je suis méchant

La peur de la mort est liée à la conscience de son caractère inéluctable. L'angoisse ressentie devant une mort imminente est compréhensible et doit être traitée. Que la mort soit proche ou lointaine, il reste que même une vie de cent ans demeure très courte dans l'histoire humaine. Cette crainte de mourir, assez commune, engendre un malaise profond qui nécessite un éveil affectif-spirituel pour une résolution adéquate. Devant cette peur, la tendance est forte de se jeter dans les distractions et les plaisirs.

Depuis mon enfance, ces questions existentielles m'ont hantée. Que veut dire cesser d'exister ? Qu'est-ce qui vient après ? Malgré la transmission d'une croyance en la vie après la mort, il reste difficile de concevoir ou d'assumer cette réalité de la cessation physique de la vie.

La peur d'être annihilé dans son être fondamentalement fait pour l'amour suscite un état d'angoisse plus élevé. Le non-amour engendre chez l'être humain de tout âge un sentiment d'inexistence qu'il ne peut supporter. L'affect étant le noyau de vie durable, il a besoin d'être nourri et maintenu en santé. Le bien-être affectif est fondamental. Quand une personne se considère comme une nullité, son existence devient vide.

Candy, malgré son jeune âge – elle avait six ans –, disait : « Quand mes parents ne m'aiment pas, je ne suis pas. » Étant très sensible, elle captait les désorganisations de ses parents qui se sentaient souvent écrasés par les difficultés de la vie.

La troisième peur est la plus stérilisante. Le sentiment d'être méchant conduit à la perte de sa propre valeur et du sens donné à la vie. Dès son jeune âge, une personne a besoin de sentir qu'elle est quelqu'un de bien. Il est triste de constater que depuis des siècles les religions utilisent dans leur enseignement des termes culpabilisants, dévalorisants, qui portent à croire qu'on est mauvais et qu'on risque d'être damné. L'intention était peut-être bonne : amener l'individu à se purifier, à se convertir, à expier ses fautes… Mais la plupart des humains ont déjà assez de difficulté à reconnaître leur valeur ; chacun a davantage besoin de se rappeler qu'il est un être merveilleux, capable de bonté, qui aspire à l'amour authentique.

Cet ouvrage veut promouvoir la foi en son être et en son potentiel pour mieux ouvrir son « cœur » à d'autres réalités facilement oubliées. La personne puise la force en elle, là où se loge le mystère du plus grand que soi. Cette présence en soi peut être nommée Dieu, Vie, Amour, Lumière, Paix… Elle protège le « JE SUIS » contre le mal et incite à aller toujours plus loin.

Une personne « vivante », qui ne démissionne pas devant l'échec, fait des pas qui lui permettent de progresser. Que ce soit au plan professionnel, artistique, personnel, relationnel… le désir d'aller plus loin ouvre de nouveaux chemins. En étant à l'écoute de ses aspirations véritables, la personne entre dans ce que j'appelle « une vie triomphante ».

Cette émanation et ce reflet d'une réalité non matérielle et non temporelle sont accessibles à l'être humain par l'écoute intérieure. Je propose quelques exercices simples qui peuvent favoriser l'atteinte de cette vérité du monde invisible qui fascine et inspire la sagesse, c'est-à-dire la connaissance en profondeur des réalités humaines au niveau de l'âme.

**L'écoute intérieure pour avoir accès
à la source vive en soi (lieu sûr)**

Prendre une respiration profonde

- Inspirer et expirer pour diminuer les ondes cérébrales jusqu'à l'état de détente.
- Prendre note de l'état émotif inscrit dans mon corps.
- Avec la respiration, me retrouver dans un état de calme intérieur.
- Être attentif aux paroles que j'entends en moi, celles que je vois sur mon écran mental, celles que ma main écrit, celles qui viennent à ma pensée.
- Décrire le chemin qui s'ouvre ou l'appel perçu.
- Accueillir la source vive en moi.

Où suis-je rejoint quand

- Je fais une promenade en forêt... je me laisse habiter par la paix, la beauté, la fraîcheur, la vitalité...
- J'observe un coucher de soleil... une fleur... un oiseau...
- Je reçois le sourire d'une personne...
- Je regarde un petit enfant...
- Je me rends dans un lieu de silence... je fais silence à l'intérieur de moi...
- J'écoute les battements de mon cœur... je descends dans ce lieu où je sens vibrer la vie...
- Je me rappelle un moment où j'ai réalisé des exploits à partir de ma source vive.

Pistes

- La valeur qui me tient le plus à cœur
- Mon désir le plus profond, mon rêve le plus cher
- Ce qui me conduit au meilleur de moi-même (lecture, musique, image, pensée, rencontre, souvenir...)

- Une parole qui me pacifie, me calme, me rassure
- Un texte de sagesse qui m'inspire

Je reviens ici sur le concept intégral de la dimension sexuelle exposée dans le premier ouvrage. Cette pulsion de vie et d'amour cherche à s'exprimer dans la création et la relation. Selon l'éducation reçue dans l'enfance, l'individu aura tendance à s'épanouir, ou à nourrir un sentiment de privation. Il aura alors de la difficulté à canaliser cette pulsion vitale qui pousse vers la fécondité et le plaisir. Il est fréquent de rencontrer des personnes engagées en couple qui se disent sexuellement insatisfaites. L'abandon de relations intimes ou le butinage ailleurs est souvent considéré comme une solution à un embarras croissant.

L'évaluation plus en profondeur de ces difficultés et de ces écueils m'a permis de mieux cerner le pouvoir d'un manque mystérieux et constamment actif. Je décris dans un premier temps l'ampleur de cette privation primaire. Je compléterai en l'appliquant à des mésententes, souvent incompréhensibles, dans un couple.

Ce sentiment de privation issu de l'enfance est fréquemment ressenti par l'adulte. L'impression d'être envahi par un manque qui se traduit par un mal-être, affecte le corps et l'âme. Une personne dira : « Un rien me rend vulnérable. Il manque à mon corps et à tout mon être l'amour, la sécurité, la tendresse dont j'avais besoin, auxquels j'avais droit. » Cet aveu décrit cette sensation d'être privé de quelque chose de vital. Les droits de l'enfant sont là pour rappeler aux figures parentales les besoins d'un enfant.

Étant dans une situation d'entière dépendance, l'enfant reçoit de l'adulte ce dont il a besoin. Il a aussi droit à l'amour gratuit, à la sécurité, à une réponse adéquate à ses besoins bio-physiologiques, à une éducation qui fera de lui un être libre et autonome.

L'enfant est un cadeau que des parents accueillent et découvrent peu à peu tout au long de leur mission de parents. J'aime rappeler que le parent fait partie de l'enfant. Comme l'explique Pert (1997), chaque cellule du corps humain renferme les molécules porteuses de l'état émotionnel de l'individu. Les émotions premières de l'enfant sont en sorte celles reçues de ses géniteurs.

Le sentiment de privation dont la souche est enracinée dans l'enfance peut prendre de multiples formes. Le ressentiment peut inciter à combler le vide. Le *scénario du don* pousse la personne à se dévouer pour enfin mériter l'amour ou être reconnue.

Lise, 28 ans, se plaignait de ne pas être reconnue dans les tâches qu'elle accomplissait. Le jour ou une amie lui manifeste de la gratitude pour un service rendu, elle réagit pourtant en se crispant: «C'est ça! On m'aime pour ce que je fais et non pour ce que je suis.»

Cette privation peut aussi porter à s'enliser inconsciemment dans les malheurs ou les maladies pour être pris en charge et mériter l'attention. Ce *scénario de la disgrâce* empêche l'adulte de se responsabiliser, quand il s'agit de son bonheur, et conduit à une régression infantile.

L'expérience de Luc nous fait mieux comprendre cette dépendance au malheur. Homme délicat et très sensible, Luc est reconnu pour avoir une «petite santé». Il doit rester alité quelques jours pour des malaises digestifs. Père de deux enfants, en couple depuis onze ans, il bénéficie de ses congés de maladie assez régulièrement. Son médecin n'arrive pas à un diagnostic précis sur son état un peu mystérieux. Après plusieurs analyses, l'hypothèse de la somatisation est envisagée. Effectivement, Luc avait très mal du manque d'amour de son père, un homme distant, peu enclin aux effusions.

Dès la première séance de thérapie, après avoir écouté son exposé du problème, je vérifie son désir profond: «Je veux être en santé et ne pas m'absenter du travail.» J'ajoute: «Qui s'occupe de toi quand tu es malade et retenu à la maison?» Il hésite, regarde au plafond, puis baisse les yeux. «C'est mon frère aîné, retraité à la suite d'un accident de moto, ou ma mère qui est veuve et s'ennuie souvent, seule à la maison. » Je lui demande d'écouter au fond de lui le besoin sous-jacent à sa maladie. « Qu'est-ce que tu reçois quand tu es malade ? » Dérangé par la question – cela se comprend –, d'un ton agressif il répond : « Je veux travailler. Je ne veux pas être malade. » J'insiste : « Écoute bien en toi. »

Ce dialogue est accompagné de la respiration et de mouvements thérapeutiques adaptés au cadre clinique MIGS. Les temps de silence deviennent de plus en plus longs. Il fronce les sourcils, prend de grandes respirations et pétrit plus fermement la pâte à modeler sur le bureau.

La méthode clinique MIGS se pratique avec une table devant soi. La personne accompagnée a vraiment la sensation de travailler. L'intervenant est assis en face, de l'autre côté du bureau et guide le travail. L'accompagné est considéré comme étant son propre thérapeute en formation.

Luc devient de plus en plus concentré sur son travail. Avec la pâte à modeler, il fait une boule qu'il caresse doucement. Il essaie de retenir ses larmes et ravale fréquemment sa salive. J'interviens : « Laisse aller ton vécu, ne le contrôle pas. » Il commence à geindre comme un enfant. Je dois lui rappeler la respiration thérapeutique pour mettre fin à sa respiration saccadée. Il laisse l'émotion s'exprimer, pleure et dit : « Ça me fâche. » Je l'invite à traiter ces états émotionnels un à la fois.

Il est préférable, en effet, de ne pas traiter la colère et la peine en même temps. Luc entre d'abord dans la frustration de ne pas être aimé gratuitement. Il se voit petit garçon à six ans. Il regarde son père qui agit comme s'il n'avait pas de fils. Il dit : « Ce n'est pas un père, ça. C'est comme un travailleur en résidence. » Avec la pâte à modeler qu'il tient en main et d'une voix ferme il exprime sa colère. « J'avais besoin d'un père. J'avais droit d'avoir un père et j'ai eu un étranger, indifférent, incapable d'être père. » Ayant bien appris la technique de traitement, il poursuit, se faisant ainsi une « justice viscérale ».

Il se met donc à exprimer tout ce qu'un enfant ne parvient pas à dire à son père. Par la suite, il se souvient d'avoir été gravement malade à l'âge de six ans. Il avait dû s'absenter un mois de l'école. Sa mère et son frère aîné s'occupaient de lui, étant à ses côtés jour et nuit. Il était le quatrième et le cadet de la famille. Son premier frère était de douze ans son aîné. À ce moment, il se rappelle qu'une fois son père s'était avancé timidement dans l'embrasure de la porte et lui avait dit : « Comment vas-tu mon fils ? » En prononçant les paroles de son père, il éclate en sanglots et entre dans une peine qu'il dit être sans fond. « J'ai mal à mourir. » Je l'incite à maintenir la respiration et les mouvements thérapeutiques. Cette combinaison permet :

- la libération de l'émotion à l'origine de la détresse ;
- le traitement du malaise ;
- la revitalisation.

Il a réussi peu à peu à transformer son affliction en sérénité. Il est passé de l'état négatif d'« incapable » à l'identité positive d'« homme capable d'aimer ».

À 40 ans, il avoue avoir lui-même de la difficulté à être pour ses deux fils de six et huit ans le père dont ils ont besoin. Il fait le lien entre son attachement plus ou moins conscient à la disgrâce, au malheur, et ses attentes d'enfant envers son père. Il se rappelle en pleurant : « Comment vas-tu mon fils ? » Il s'engage à faire son heure de marche thérapeutique journalière afin d'achever son processus de deuil, de se détacher de son père manquant. Étant adulte, il apprend à devenir pour lui-même son propre père et son meilleur aidant. Il s'affranchit de ses exigences d'enfant. Il se rend bien compte que ce temps est révolu. Inutile de réclamer des soins d'enfant quand la réalité est qu'on est devenu adulte.

Par la suite, il a dû consulter avec sa conjointe, Lyne, à cause de difficultés dans leur relation de couple. Elle-même thérapeute, Lyne était réticente, mais devant les progrès et les changements observés chez son conjoint, elle opta pour des rencontres de couple.

Les principaux éléments de discorde étaient les attentes de l'un envers l'autre. Des demandes et des reproches constants revenaient au sujet de tout et de rien. L'échange amoureux devenait le lieu privilégié de ces revendications. Cette situation est particulièrement fréquente dans un couple dont l'un ou les deux sont aux prises avec un sentiment de privation. Je leur explique que la mésentente dans un couple provient générale-ment de souffrances d'enfant non résolues. Il est bien connu que même les affinités dans un couple sont le résultat de ces blessures primaires qui s'attirent.

Dès la première rencontre, Luc avoue avoir souvent pensé qu'il avait choisi sa partenaire à partir de ses manques. Effec-tivement, sa conjointe était maternante et attentive aux besoins de ses proches. Elle était perçue comme une femme vaillante, forte, performante. Elle avait tendance à idéaliser le passé et l'avenir. Pour elle, l'aujourd'hui n'existait pas.

Dans le but de répondre à leur demande, à leur volonté de former un couple harmonieux et uni, je conseille à chacun d'accomplir un travail individuel. Dans un premier temps, ils devaient tous deux récupérer leur « JE SUIS » et vivre leur réalité d'adulte.

Luc a poursuivi son autothérapie avec un suivi mensuel. Il avait capté comme un pro la méthode clinique MIGS. Il se dédiait à sa profession d'ingénieur avec dynamisme. Son employeur, qui avait voulu le congédier, l'encourageait main-tenant à poursuivre, lui confiant plus de responsabilités.

Lyne éprouva davantage de gêne à s'impliquer dans un pro-cessus personnel. En donnant libre cours à ses plaintes, qui étaient en fait des cris de détresse, elle s'est mise sur la piste de sa disgrâce. Étant fille unique, ses parents exigeaient d'elle perfection et performance. Comme ses parents voyageaient régulièrement, elle était confiée à une professeure retraitée qui s'occupait scrupuleusement des devoirs et des leçons de piano. Chaque fois que ses parents revenaient, elle s'empressait de jouer les dernières pièces apprises et de montrer les notes écrites dans ses cahiers d'exercices. Ses parents étaient fiers de leur fille et la récompensaient en lui offrant des cadeaux rapportés des pays visités.

Il aura fallu cinq rencontres avant que Lyne puisse sentir ses émotions. Elle se disait assidue à faire ses exercices thérapeutiques. Généralement, dès la première consultation, une personne qui demande de l'aide est initiée aux exercices d'autothérapie. L'engagement personnel est nécessaire pour le succès du processus. Lyne se donnait peu de loisir et cherchait à être première en tout. Thérapeute acharnée, elle se plaignait de ne pas être reconnue et aimée pour ce qu'elle était. Elle avait la sensation d'acheter l'amour et la gratification en étant de plus en plus performante. Son présent n'était jamais gratifiant. Elle se rappelait les éloges de ses parents devant ses succès et souhaitait le top pour le lendemain.

Durant les ébats amoureux, Lyne se montre souvent insatisfaite et espère toujours que ce soit mieux la prochaine fois. Luc dit se sentir bousculé et n'être pas à la hauteur. Après un échec amoureux, il devenait souvent malade et Lyne lui reprochait de ne pas être un homme fort et viril.

Lyne affirme n'avoir plus rien à perdre. Son couple est au bord de la rupture. Elle dit: « Je veux vivre avec un vrai homme. » Elle finit par accepter de travailler avec les outils MIGS (balles, crayons de cire, pâte à modeler...) et commence à faire des liens avec son sentiment de privation, une impression tenace de ne pas avoir été aimée gratuitement, et le malaise qui en résulte. Elle comprend la méthode thérapeutique et constate ses aptitudes à l'appliquer. Par la suite, elle prend conscience de sa tendance à établir des relations fusionnelles avec ses clients. Elle se montre très aimable et soutenante et jouit d'être appréciée des personnes qu'elle accompagne. Ce fut le moment le plus pénible de son travail thérapeutique. Elle prit conscience qu'elle avait une très bonne clientèle, mais qu'elle n'aidait pas nécessairement les gens à se prendre en charge et à devenir adultes. En avouant son besoin d'être aimée par ses clients, elle entre dans une détresse profonde. « Je ne me suis jamais sentie aimée par mes parents. J'étais comme une marionnette qui devait répondre à leurs désirs. J'aurais voulu des parents moins riches, mais présents à la maison. » Elle réclame plus de pâte à modeler et poursuit son travail avec force. « J'ai l'impression d'avoir été pensionnaire toute ma vie avec cette gardienne-professeure privée. Je me sentais orpheline, seule, sans parents. » Elle fut très surprise de constater l'ampleur de son sentiment de privation, qu'elle dévoila spontanément. « J'avais le droit d'avoir des parents à la maison et qui m'auraient aimée malgré mes échecs. »

Les deux ont choisi d'un commun accord une distance thérapeutique tout en demeurant ensemble et en étant vraiment parents de leurs deux jeunes enfants. Il est généralement indiqué aux couples en difficulté de se donner l'espace dont chacun a besoin. La modalité peut varier selon les possibilités : demeurer sous le même toit en faisant chambre à part ou vivre dans des résidences différentes. Tout en choisissant selon les désirs de chacun, le couple doit aussi assumer le bien-être des enfants et répondre à leurs besoins.

Sans le vouloir, une personne aux prises avec des traumatismes non traités aura tendance à répéter les mêmes patterns avec ses enfants et ses proches. Que ce soit une angoisse de base, un abus, de la violence, un sentiment de privation... une souffrance d'enfant non traitée a le pouvoir de désorganiser un adulte, le rendant dysfonctionnel. Cette grande personne pourra appartenir à n'importe quelle classe sociale ou exercer n'importe quelle profession ; il lui sera difficile d'éviter les écarts de parcours non désirés.

Pour être vraiment efficace, la clinique MIGS requiert de la part de la personne accompagnée les neuf conditions spécifiques au modèle d'intervention :

1. Le désir profond de vivre en fidélité à son être. Cela implique de faire face à la solitude et de devenir adulte.
2. L'accueil de sa réalité. Cela implique de renoncer aux châteaux en Espagne.
3. L'assiduité aux exercices thérapeutiques. Cela implique de vouloir se libérer et de croire que c'est possible.
4. L'ouverture à l'ensemble de son expérience. Cela implique de renoncer aux fausses croyances et de s'abandonner à la vérité.
5. La volonté d'être à l'écoute aux trois plans (érotique, affectif, spirituel). Cela implique de délaisser ses mécanismes de défense.
6. Le choix de devenir son propre thérapeute. Cela implique d'abandonner l'espoir que les autres nous rendent heureux.
7. L'acceptation du caractère irréversible des événements passés. Cela implique de se libérer des attaches du passé pour construire le présent.
8. Le renoncement à vouloir changer les autres. Cela implique de se rendre responsable de sa croissance.
9. L'abandon des facteurs de maintien (bénéfices secondaires à être mal). Cela implique de renoncer aux gratifications de la disgrâce.

Une personne peut s'engager dans un processus à son rythme. Elle peut entrer très vite dans un travail en profondeur ou avancer plus lentement. L'important est de maintenir une courbe de croissance qui indique qu'elle va de l'avant. Lorsqu'une condition devient manquante, le processus bloque et l'arrêt temporaire ou définitif des rencontres est proposé. L'exemple de Véronique peut nous aider à comprendre l'échec d'une thérapie avec le modèle MIGS.

Âgée de 52 ans, Véronique souffre de solitude et de jalousie extrême. Elle s'est divorcée, sept ans auparavant, après vingt années de vie commune et elle n'arrive pas à établir une nouvelle relation. Elle est par ailleurs incapable de vivre seule. Elle va passer ses soirées et ses nuits chez sa mère. Quand son ex-conjoint devait coucher à l'extérieur pour des raisons professionnelles, elle était prise de panique et se rendait à l'urgence de l'hôpital où elle passait la nuit. Elle imaginait souvent son mari avec une autre femme et téléphonait fréquemment à l'hôtel où il logeait. Elle avait même payé pour le faire suivre lors d'un congrès.

Sa mère de soixante-dix-sept ans se faisait du souci pour sa fille et elle insista pour qu'elle soit reçue à notre institut. Le souhait de Véronique était de calmer sa mère. Il aurait mieux valu qu'elle vienne pour elle-même et non pour sa mère. En outre, elle voulait constamment se raconter pour recevoir de la sympathie et être prise en charge. Après cinq rencontres, il devint évident qu'elle ne voulait pas sortir de son état de dépendance. Son sentiment d'abandon et de privation était très puissant, mais elle ne se montrait pas motivée à faire les exercices.

Beaucoup d'activités l'intéressaient, mais elle refusait de les faire toute seule et rendait les amis et la famille proche responsables de son bonheur. Femme intelligente et douée d'un potentiel exceptionnel, elle n'avait pas encore ressenti au fond d'elle-même l'appel à la liberté. Son habitude de dépendance était demeurée plus forte que le souffle de croissance affective vers l'état adulte.

Le cas de Véronique me ramène à cette question que bien des gens posent quand ils ont épuisé tous les moyens : que faire avec une personne qui ne veut pas se faire traiter et qui inquiète son entourage ? La réponse est aussi simple que décevante : avec un adulte qui ne veut pas, on ne fait rien. Il s'agit de se libérer du malaise que cette situation provoque et, dans la mesure du possible, faire les changements qui s'imposent pour ne pas demeurer dans un milieu contaminant.

Le tableau 11 présente un résumé des étapes à considérer dans un processus de traitement.

TABLEAU 11

ÉTAPES À CONSIDÉRER DANS UN PROCESSUS DE TRAITEMENT

L'être humain ne supporte pas l'angoisse
Le bien-être affectif est vital
↓
La situation conflictuelle qui va contre l'Amour et la Vie
engendre un déséquilibre psychologique et physique
(détresse, anxiété, somatisation…)
↓
Sentiment désagréable
Malaise du moi
↓
Action pour réduire le malaise

Se débattre	Chercher à rétablir l'équilibre
↓	↓
Rechercher des expériences sensorielles pour ne pas ressentir l'angoisse	S'attaquer aux causes de l'angoisse
↓	↓
Annulation du malaise affectif Soulagement temporaire → Réapparition de l'angoisse → Comportement de répétition	Foncer et récupérer ↓
↓	Satisfaction Chemin de croissance
Fuite ou inertie Insatisfaction	

Pour s'engager dans un chemin de croissance, une personne doit croire qu'un événement chargé de privations et de peines peut conduire à un changement salutaire. Un événement douloureux adéquatement traité ouvre à de nouvelles capacités. Le témoignage d'un grand nombre de personnes le confirme.

Joël est une preuve vivante que des expériences de mort peuvent être transformées en quelque chose de dynamique. À l'âge de dix-huit ans, Joël a perdu la vue à la suite de l'explosion d'un bocal rempli d'alcool. Il était avec des amis qui faisaient des expériences, et la malchance est tombée sur lui. Conduit à l'hôpital, il a été reçu par un médecin qui « n'avait pas toutes ses facultés » et l'intervention a été néfaste. Après une période de découragement, il a eu l'occasion de rencontrer un ami qui le confronta : « Tu fais de toi un aveugle heureux et utile à la société, ou un aveugle malheureux et un poids mort. » L'ami eut d'abord droit à une crise de désespoir : « Tu ne sais pas ce que c'est que de ne pas voir ! » mais il reprit de plus belle : « Je ne me crèverai pas les yeux pour te comprendre. Il y a différentes façons d'être aveugle comme il y a différentes façons de voir. Tu sembles être aveugle sur tous les plans. » Joël prit finalement la décision de traiter le deuil de la perte de la vue et découvrit une nouvelle façon de voir la nature et les autres. Il a développé un talent qui dormait en lui. Il arrive à ressentir le vécu réel des gens qu'il rencontre : « Personne ne peut me mentir. Dès que quelqu'un m'approche, je peux voir son état d'être. » Traiter les malaises et assumer les événements qu'on ne peut changer devient la façon de bien vivre sa vie terrestre. Joël en est arrivé à dire : « Heureuse perte qui me permet de voir encore plus loin… »

Je voudrais terminer ce chapitre en ajoutant un élément essentiel en clinique. Le plaisir, trop souvent mal vécu, peut être un analgésique pour endormir les souffrances de l'existence. Bien choisi et vécu en harmonie, il fait alors partie des éléments vitalisants et curatifs. À l'aide des tableaux 12 et 13, je rappelle le rôle du plaisir et les conditions qui en font un facteur de bien-être. Les épreuves, le travail, les événements de la vie quotidienne génèrent inévitablement de la fatigue et du stress. Tous les systèmes (nerveux, circulatoire, musculaire…) sont sensibles à ces réactions non spécifiques. Un état de tension et de malaise s'ensuit nécessitant le repos et la détente.

Le centre sensoriel du cerveau, récepteur du plaisir ou de la douleur, active le désir d'une sensation agréable afin de retrouver l'équilibre nécessaire à son bien-être. Le cerveau humain se nourrit de sensations. Il est capital de lui procurer l'effet sensoriel plaisant pour déclencher le réflexe de la relaxation et de la détente.

TABLEAU 12

Le schéma du plaisir

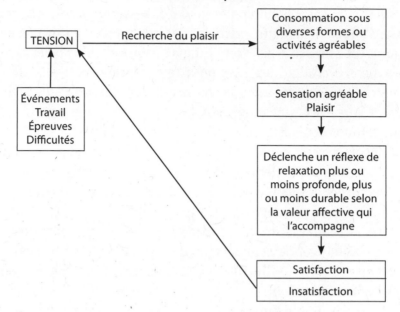

C'est seulement lorsque les valeurs affectives sont présentes que l'on peut parler d'un plaisir adéquat sain aux effets salutaires et durables.

TABLEAU 13

Le cercle du stress et de la détente

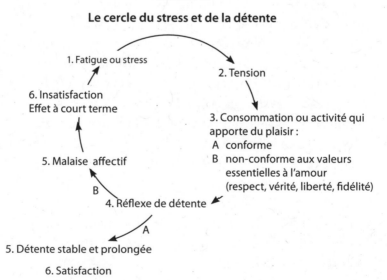

Dans un état de fatigue ou de stress, nous sentons le besoin d'une consommation ou d'une activité qui occasionne du plaisir. C'est par le plaisir que la détente s'obtient. Le système nerveux a un besoin vital d'une sensation de bien-être physique pour bien fonctionner. Le plaisir est fondamental à l'équilibre psychique et physique de l'être humain.

Il est important de distinguer les divers éléments déclencheurs du plaisir. Les uns sont conformes aux valeurs affectives (le respect, la vérité, la liberté, la fidélité, la dynamique de croissance); les autres, incompatibles avec ces valeurs, font entrave à la réalisation humaine.

Une sensation de plaisir vécue en accord avec les valeurs essentielles à l'amour produira une détente plus profonde, avec satisfaction. À l'inverse, le réflexe de plaisir venant d'une source inappropriée, déviante, ou perverse, générera un malaise affectif qui, à son tour, provoquera plus de tension et de stress. Ce phénomène explique l'addiction à des habitudes dysfonctionnelles et même déshumanisantes.

Je termine ce chapitre avec une lettre de Vianique, jeune professionnelle de 26 ans, qui demande de l'aide.

« Je vous écris parce que j'ai mal, mal de vivre. Je veux changer de manière de penser, de fonctionner et de vivre. Je sais qu'au fond de moi, j'ai de belles qualités, mais je suis incapable de les voir et d'en tirer profit. Je m'éloigne de moi en voulant tout donner aux autres. Les autres remplissent ce vide en moi. Je voudrais m'aimer, pour moi, sans les autres. Je ne sais pas quoi faire. Je donne trop, mais c'est plus fort que moi, ça me fait du bien de donner.

Je ne fume plus, je ne bois plus, je ne me drogue plus, mais je me jette aveuglément dans la dépendance affective. Incapable de rester seule, je passe d'une relation à l'autre, en quête constante d'affection. Je me donne corps et âme à l'homme, ou à la femme, qui me caresse et me donne du plaisir. Je me sens comme une mendiante d'amour.

Je veux me retrouver. Je n'ai pas confiance en moi et j'ai toujours ce mal de vivre qui me ronge l'intérieur. J'ai 26 ans et je veux changer, je veux pouvoir être heureuse. Pouvez-vous m'aider ? »

Quelle sera ma réponse à Vianique ? Quelle serait mon approche ? Quelle démarche lui proposer ?

Grille d'évaluation de mon intervention

- Situer Vianique dans sa réalité d'être unique, protégée contre le mal.
- Évaluer les trois sources d'énergie.
- Ouvrir l'horizon.
- Travailler avec le corps.
- Activer les pulsions et les motivations profondes.
- Analyser l'influence de contenus existants.
- Vérifier la responsabilité, la sécurité et le choix personnels.
- Inviter à nettoyer le passé (enrayer le réflexe de régression) pour mieux ajuster le présent et ouvrir la porte à un futur gratifiant.
- Respecter les trois lois thérapeutiques.
- Accompagner selon les trois étapes fondamentales de l'intervention MIGS.
- Reconnaître la peur dominante.
- Considérer les étapes d'un processus de traitement.
- Assurer des expériences de plaisir sain.

CHAPITRE 3

Mieux comprendre la détresse humaine

Quand l'amour ou la vie sont menacés, il est naturel pour l'être humain d'adopter une attitude défensive et d'avoir des conduites qui reflètent son désarroi. Ce ressenti désagréable ou éprouvant déclenchera des comportements qui peuvent perturber la personne et son environnement. Un individu en bonne santé mentale ne peut pas supporter des agressions qui portent atteinte à son humanité et à son intégrité sans réagir. S'il n'a pas appris à le traiter adéquatement, le mal-être empruntera une voie d'évacuation inadéquate, mais dont le rôle est d'assurer la survie.

1. L'autorégulation

La santé psychique d'une personne adulte est déterminée par sa capacité de s'adapter à la réalité et de résoudre adéquatement les situations difficiles inhérentes à la condition humaine. Cet état suppose que la personne puisse jouir d'une bonne autonomie affective. Chez l'enfant, la santé mentale s'évalue davantage par sa capacité de manifester ses malaises et de réclamer qu'on réponde à ses besoins.

L'être humain étant fondamentalement fait pour l'amour, c'est un signe de bien-être psychique de revendiquer les éléments essentiels à l'amour. Naturellement, l'individu en santé réclame le respect, la vérité, la liberté et la fidélité. La sensibilité affective permet à l'être humain de distinguer au-delà des mots et des gestes ce qui est amour de ce qui ne l'est pas. La perte de cette sensibilité conduit à une dégradation de la santé mentale.

Une personne ayant un bon fonctionnement psychique va naturellement se désorganiser devant le risque de perdre l'amour ou la vie. Elle adoptera spontanément une attitude défensive et voudra protéger ce qu'elle considère comme vital.

Devenu adulte, tout être humain est appelé à faire ses propres choix et à devenir pleinement responsable de son épanouissement. Le passé n'est pas toujours garant du présent. Tout dépend de ce que l'on fait de son passé. Une histoire humaine comporte nécessairement des peines et des joies. Les événements agréables sont considérés comme naturels, mais ceux qui sont difficiles perturbent et sont facilement considérés contre nature. De là l'importance de les traiter.

C'est communément l'absence de traitement qui engendre des conséquences néfastes chez l'être humain. Un deuil, une détresse, un choc ou toute autre épreuve adéquatement considérés et traités se transforment en occasions de croissance. Il est toujours pénible et déboussolant de recevoir une « tuile » quel que soit notre âge. Il est souhaitable que l'enfant apprenne en bas âge à se guérir de ses blessures. Et c'est le rôle des parents d'accompagner leurs enfants dans cet apprentissage. Malheureusement, nombre d'adultes ayant des responsabilités parentales n'ont pas eux-mêmes reçu cet appui et ne savent pas, bien souvent, comment gérer leurs propres malaises. Peut-on demander à un enfant blessé, tout adulte qu'il soit en apparence, d'aider un autre enfant à soigner ses blessures ?

Dany et Julie nous permettent de mieux comprendre le cri de l'adulte qui réclame la santé. Tous deux âgés de 34 ans, ils se présentent à l'Institut après avoir déjà consulté deux intervenants. Ils prennent place dans mon bureau, se regardent d'un air interrogateur.

Julie prend la parole : « Nous sommes des adultes, mais nous agissons comme des enfants. » Dany, malgré sa gêne, se redresse et, d'un ton décidé, déclare : « Nous avons tout pour être heureux. J'aime Julie, nous avons une petite fille de cinq ans que nous aimons, et nous voulons d'autres enfants. » Après un silence, un peu ému, il ajoute : « Comment des adultes qui agissent en enfants peuvent-ils avoir des enfants et les rendre heureux ? » Julie le regarde : « Dis-lui ce qui est arrivé à Kary (leur enfant) la semaine dernière. » Dany la fixe en fronçant les sourcils : « Quoi ? De quoi tu veux que je parle ? » Julie pousse un soupir : « Tu as la mémoire courte. Quand Kary est allée te consoler dans le garage. » Après une minute, l'atmosphère était déjà lourde et je pouvais comprendre un peu plus leurs réactions « d'enfant ».

J'invite chacun à prendre la parole à sa façon, quand ils le voudront et en exprimant leur ressenti. Dany reprend la parole, la main gauche sur le bureau et la main droite derrière la nuque en s'éloignant de la chaise de sa conjointe. « Je n'en peux plus. C'est toujours comme ça. Elle me dit quoi faire et je ne me sens pas respecté. Je me sens comme un enfant. » Sa main gauche tremble et sa respiration est saccadée. Il dit en pleurant : « Je fais comme quand j'étais un « ti-gars » ; j'allais m'enfermer en bas, dans la salle de jeux, avec mes jouets. Là, je m'en vais dans le garage. » Julie en remet : « Il passe des heures et même des soirées complètes dans son maudit garage. » Il réplique : « C'est la seule place où j'ai la paix. »

Une chose certaine : j'ai devant moi deux personnes blessées et « naturelles ». L'expression de leur mal-être est éloquente et signifie qu'ils ne veulent pas rester malheureux. Devant cet échange de ripostes, je ne peux m'empêcher de rire. Les deux me regardent surpris et Dany me lance : « On en rit ou on meurt. » Je les initie brièvement à la respiration thérapeutique et leur demande d'exprimer par le dessin (des traits ou des barbouillages) ce qu'ils ressentent. Je leur fournis de grandes feuilles et des crayons de cire de différentes couleurs. Cette façon de faire peut paraître peu classique et même peu sérieuse. Pour moi, l'important est de percevoir le vécu et d'utiliser l'outil qui aide le plus à sortir d'une impasse. Pendant qu'ils laissent sortir le trop-plein et qu'ils reprennent le rythme d'une respiration thérapeutique, je leur dis : « Il y a une bonne nouvelle. Vous êtes deux personnes saines qui refusent de s'enliser dans la souffrance et qui veulent être heureuses. » Ils font un signe affirmatif de la tête. Concentrés sur leur travail, ils tracent des traits de plus en plus fermes et nets. J'ajoute : « Vous êtes d'excellents candidats pour traiter ce qui ne va pas. » Dany dit en riant : « En plus, nous sommes deux professeurs et nous exigeons un bon comportement des enfants, et comble d'ironie, c'est ma fille de cinq ans qui vient me consoler dans le garage. » Il reprend : « C'est triste, mais c'est comme ça. » Un enfant blessé, non traité, ça fait un adulte désorganisé devant l'épreuve.

En tirant vivement deux papiers mouchoirs de la boîte qui se trouve entre les deux, Julie dit : « Est-ce possible d'être adulte et correct ? » La réponse est simple : « Vous êtes des adultes corrects. Étant blessés, vous exprimez votre détresse. Ce n'est pas le couple qui est en souffrance. Votre mal-être réclame la santé. » Je fais les comparaisons suivantes : « Quand le corps est malade, on perçoit des symptômes : fièvre, inflammation, douleurs, etc. Quand une personne souffre du mal-amour, il y a des manifestations : impatience, colère, tristesse, infantilisme, dépendance, isolement. C'est facile à comprendre, mais pénible à vivre. C'est comme une grippe. C'est compréhensible, mais pénible à traverser et même difficile à soigner. »

L'important est de traiter ses malaises et de permettre à son être profond (JE SUIS) d'être gagnant. Pour cela, il faut se revitaliser et se libérer de ses malaises. Le physique et le psychique ont tous deux besoin de se nourrir et d'éliminer ce qui va à l'encontre de la santé.

Dany et Julie sont donc invités à exprimer spontanément ce qui leur fait mal en écoutant ce qu'ils ressentent. L'ambiance est calme. Ils ont le droit d'être comme ils sont et se sentent enfin capables d'apprendre à aimer.

Au cours de l'échange, Dany rappelle sa tendance à s'isoler et Julie prend conscience qu'elle a adopté l'attitude de sa mère envers son père : « Ma mère chialait toujours contre mon père. Quand elle réclamait qu'il parle, il se taisait davantage. »

Chacun a poursuivi son travail en accompagnement individuel pour apprendre à traiter les éléments qui contaminaient leur quotidien. Au cours de leur processus, ils ont identifié les souches primaires de leur intolérance, malgré leur âge adulte. Tout comme un enfant, un adulte blessé devient intransigeant devant un dérangement ou une frustration.

À l'aide du tableau 14, on peut visualiser les différents éléments promoteurs d'une santé mentale.

TABLEAU 14

La santé mentale chez l'adulte

Une personne en santé mentale oriente son agir vers sa pleine réalisation physique, affective et spirituelle.

Les principaux facteurs pouvant dérégler la santé mentale d'un individu sont la perte de la sensibilité affective, la non résolution des états de stress et de détresse, la négation de la réalité, la perte de la sécurité matérielle et la dévalorisation de soi-même. Le degré de vulnérabilité personnelle, l'intensité et la durée des malaises sont aussi des éléments qui contribuent au maintien ou à la perte des conditions essentielles à une bonne santé.

En médecine, il est habituel de considérer les facteurs héréditaires et biochimiques parmi les causes importantes de troubles mentaux. Dans le modèle MIGS, l'intervention est axée de façon primordiale sur l'attitude qu'adopte une personne devant les réalités humaines. La tendance est forte de fuir ce qui compose sa propre histoire et de s'enliser dans diverses formes de consommation qui deviennent de plus en plus compulsives. Quand une personne prend l'habitude de se distraire et de s'étourdir pour ne plus faire face à la réalité, elle perd la notion de ses besoins les plus fondamentaux et n'arrive même plus à se donner l'espace dont elle a besoin. Tout son être en souffre.

En écoutant la personne aux prises avec des malaises profonds, on se rend compte que la dimension érotique est atteinte. Pour les uns, le désir en sera affecté ; pour d'autres, ce seront les réflexes d'excitation. Les réactions sont variables, une baisse de la libido peut s'installer tout comme une augmentation excessive de demandes érotiques peut apparaître. Que ce soit l'une ou l'autre des réactions, l'intimité devient difficile et même dérangeante. Les deux partenaires deviennent irritables, et rapidement la situation se complique. Beaucoup d'accusations et de justifications peuvent faire surface. L'amour est remis en question, l'habileté sexuelle est critiquée ; la « spiritualisation », une manière de se dégager de son corps et de son affect, est aussi utilisée pour justifier l'abstinence. Ces troubles peuvent aussi conduire à une sexualité mécanique. La consommation sexuelle dans la pornographie ou avec d'autres partenaires peut s'établir. Il faut ajouter du piquant, de la variété, tandis que l'amour entre dans un état de confusion difficilement réparable.

Il reste que les couples comme les individus ont la capacité de se remettre de blessures profondes qu'ils ont pu s'infliger. David vient d'une famille dysfonctionnelle. Son père était peu présent à la maison : il devait voyager pour assurer l'expansion de son entreprise d'articles de sport. Sa mère accueillait des pensionnaires à la maison. Elle buvait de façon excessive et avait des rapports sexuels avec un pensionnaire. David et sa sœur se sentaient abandonnés et, dès leur jeune âge, ils s'enfermaient dans leur chambre pour pleurer. Enfant sage, David ne dérangeait pas. Il est présentement comptable et il aime la solitude.

Josée est fille unique. Son père était médecin et sa mère infirmière. Enfant, elle avait une gardienne à la maison. À l'école primaire, elle passait pour une enfant agitée. Durant son adolescence, elle a consommé de la drogue et pratiqué une sexualité qui n'avait rien d'épanouissant. C'est à dix-neuf ans qu'elle a connu David ; il l'a aidée à sortir de ce gouffre. Elle est tombée follement amoureuse de lui.

Les deux se sont engagés en couple il y a neuf ans. Au début, Josée jouait le rôle de la bonne épouse qui répondait aux attentes de son conjoint. Sous l'influence de collègues, David a commencé à ouvrir le champ de sa sexualité. Il fréquentait des boîtes de danseuses où il pouvait aussi voir des films pornos. La pente était glissante, il s'est écarté de ses valeurs et de son choix profond. Il en est arrivé à ne plus être capable d'ébats amoureux naturels avec sa compagne. Il la considérait comme une « madone » et une bonne mère pour ses deux enfants de 8 et 5 ans. Il souhaitait pour ses enfants la mère qu'il n'avait pas eue. Le temps passé à la maison rétrécissait sous prétexte que la charge de travail augmentait.

Josée se rapprocha de ses parents. Elle faisait des activités sportives avec sa mère et les enfants allaient plus fréquemment chez des amis. À l'occasion d'un tournoi de golf, elle s'amouracha d'un homme qui avait l'âge de son père. Il l'invitait à des promenades en bateau, l'alcool était au rendez-vous. Devenue enceinte de lui, elle a dû subir une IVG (interruption volontaire de grossesse).

C'est lors du dixième anniversaire de leur union, leurs deux enfants fréquentaient alors l'école primaire, qu'ils entreprirent des démarches pour se séparer. Ils ne se sont jamais chicanés, ils étaient polis et gentils, mais un malaise s'était installé en eux et entre eux.

Sur le conseil de la mère de Josée, ils se présentent à l'Institut pour comprendre ce qu'ils vivent. À première vue, il est trop tard, ils ne savent plus comment réactiver leur amour. Le dialogue s'enclenche. T = thérapeute; D = David; J = Josée; commentaires.

D – C'est très difficile ce que nous vivons. Je crois que c'est la fin du couple.
T – Nous sommes réunis pour faire la lumière sur une situation que vous vivez difficilement. L'important, c'est d'exprimer simplement son ressenti, ses craintes et ses désirs profonds. Premièrement, portez votre attention sur votre respiration et soyez à l'écoute de ce que vous sentez.
J – Je crois qu'il n'y a plus d'amour. Je n'existe plus pour lui.
T – Depuis quand ressentez-vous cela?
J – Depuis toujours.

Par cette réponse, Josée ouvre déjà la porte à une détresse très primaire.

T – Prenez le temps d'accueillir ce ressenti. Expirez le malaise et inspirez du bleu.

Josée éclate en sanglots.

J – Je n'ai jamais existé pour personne.

Je l'invite à poursuivre les respirations avec de légers mouvements bilatéraux avec les pieds. En alternant gauche-droite, elle bouge le bout de ses pieds.

D – C'est encore moi qui suis coupable de sa peine.
T – Vous vous sentez coupable ?
D – Oui.
T – Depuis quand ?
D – Depuis toujours.

À son tour, David ouvre la porte à une angoisse très primaire. Je l'invite à parler spontanément de ce qu'il ressent. Il y a un silence. Il essuie rapidement une larme et dit.

D – Je ne comprends pas comment un enfant peut se sentir coupable.
T – Enfant, vous vous sentiez coupable.
D – Oui. Ma mère buvait et couchait avec le gars. Je ne pouvais pas l'empêcher.

En pleurnichant.

D – Je ne pouvais rien dire à mon père. Il m'aurait disputé et puni sévèrement.

Je demande à David d'exprimer son sentiment de culpabilité et d'inspirer du bleu.
Après un temps d'accompagnement.

T – Tous deux, vous portez des souffrances d'enfant qui n'appartiennent pas au couple. Ces détresses primaires contaminent votre vie de couple.
D – J'agis aujourd'hui contre le couple et même je brise la vie de mes enfants.
J – Moi aussi.

Je leur explique le chemin que des blessures d'enfant peuvent prendre. Dans un premier temps, en rencontre individuelle, je les encourage à prendre soin d'eux, de l'enfant blessé qu'ils portent. Par la suite, ils pourront traiter les conduites d'adulte qu'ils ont adoptées et qui les ont conduits à s'éloigner l'un de l'autre et même de leurs enfants. Les deux acceptent la proposition et s'engagent dans un processus de traitement individuel selon la méthode MIGS. Après cette démarche personnelle qui s'étalera sur dix séances, ils seront invités à une rencontre en couple.

Je rappelle que, avec la méthode MIGS, la personne est formée à devenir son propre thérapeute. L'intervenant incite la personne aidée à accueillir sa détresse et à reconnaître son potentiel. Il guide la démarche en assurant la respiration thérapeutique et le mouvement bilatéral. Agissant comme soutien dans ce travail en profondeur, il permet à la personne de libérer ses détresses primaires et de récupérer toutes les potentialités de son être.

Afin d'accroître l'efficacité du travail, la personne accompagnée s'engage à appliquer dans son quotidien les exercices appris. En général, il est recommandé de développer l'habitude de la respiration thérapeutique et de faire au moins une séance quotidienne d'exercices thérapeutiques durant trente minutes à une heure. Avec le temps, l'accompagné ressent comme indispensable à sa santé physique et psychique la pratique régulière de ces exercices.

David et Josée ont bien répondu aux recommandations. En plus de respecter la distance thérapeutique demandée, chacun a vraiment pris soin de lui-même. Ils se sont engagés à mettre fin aux fréquentations et communications irrégulières.

Il leur a été recommandé, durant le travail personnel, de respecter chacun leur espace. Ils n'ont pas de rapports amoureux. Vivant sous le même toit, en frère et sœur, ils veillent à ce que leur relation soit empreinte de gentillesse. Ils s'occupent de façon privilégiée d'eux-mêmes et de leurs enfants. Ils pratiquent des sports ou s'adonnent à des activités récréatives seuls ou en famille. Ce n'est surtout pas le temps de prendre des décisions importantes. L'engagement est de demeurer dans le calme sans se préoccuper de l'avenir. Il est bien suffisant qu'ils s'impliquent dans le processus de guérison.

Après trois mois d'investissement thérapeutique, David et Josée ont pu reprendre leur vie de couple. Ils se sont retrouvés au meilleur d'eux-mêmes. La vérité s'est faite dans la paix. Chacun a pu partager avec l'autre son infidélité à soi-même. Puisque l'engagement de vivre en couple est d'abord un engagement envers soi-même, ils ont compris que chacun, dans son errance, se faisait du mal.

L'amour éprouvé l'un pour l'autre est devenu plus fort et plus engageant. Par la suite, ils ont appris à traiter la détresse de leurs enfants, vivement affectés par ces discordes. Les parents sont en fait les thérapeutes les mieux indiqués pour leurs enfants.

Tout au long du processus, David et Josée ont dû apprendre à délimiter leur espace et leur zone d'interaction. À l'aide du tableau 15, je rappelle les principes que David et Josée ont suivis. Le travail de récupération nécessite des balises.

TABLEAU 15

Facteurs permettant de récupérer son être

Pratiquer la respiration, la marche, l'exercice

Bien s'alimenter

Demeurer debout devant l'épreuve

Santé mentale

Programmer des activités saines et agréables

Recourir à la force spirituelle en soi

Respecter son espace vital

Activer son potentiel

2. L'espace personnel

Étant un être de relation, toute personne a besoin de son espace pour se retrouver avec elle-même. Ce champ vital est souvent envahi ou contaminé par diverses formes de consommation et des intimités vides de sens. Les comportements dictés par la peur de l'abandon et de la solitude ne font qu'emprisonner la pulsion sexuelle, qui incite fondamentalement à aimer, à créer et à établir des relations. Afin de répondre adéquatement à cette pulsion vitale, on doit être à l'écoute de soi-même et respecter ses besoins essentiels. Pour cela, des temps de silence et de retraite sont nécessaires.

Une erreur commune dans la vie en couple est de ne pas se donner de moments de retraite. L'adulte a besoin de moments de solitude, de silence, de contact avec la nature, de loisirs, d'un lieu où se retirer pour réfléchir ou se reposer. Une trop grande proximité et le manque d'espace à soi nuisent à l'épanouissement personnel.

Un couple a aussi besoin de son espace d'intimité où les deux se retrouvent ensemble pour l'échange amoureux, le tête-à-tête, ou pour passer simplement du bon temps ensemble.

En l'absence de ces moments pour soi, la distance s'installe et la vulnérabilité personnelle se réactive. Les zones d'interactions s'élargissent, les amis personnels prennent de plus en plus de place et de temps. La vie sociale se vit de plus en plus à l'extérieur du foyer, le ou la partenaire occupe un rang secondaire. Le soin des enfants se transforme en tâches qu'il faut se partager. Le couple se perd et la famille se dissout. Les enfants tenteront de s'ajuster à ce désordre, soit par des comportements d'isolement ou un hyper investissement social (l'enfant de la rue).

Il est important de ne pas tenir pour acquis la fidélité dans un couple. C'est une relation qui se construit jour après jour. Sans oublier qu'il faut prendre soin de soi-même pour former un couple heureux. Il s'agit de vivre en couple, non de le sauver coûte que coûte.

Au début de leur relation, David prenait avant tout soin de Josée, et réciproquement. C'est une erreur que font plusieurs couples. Ils se retrouvent ainsi coupés d'eux-mêmes et incapables d'aimer en vérité et en fidélité. C'est à chacun de prendre soin de soi et aux deux à prendre soin du couple.

Un couple est formé de deux personnes mues par des désirs. Les deux aspirent à l'amour, à une bonne famille, à la joie de construire ensemble. Pour cela, il faut renoncer aux attentes démesurées l'un envers l'autre. Ces attitudes viennent généralement de l'enfant blessé que tout adulte porte en lui. Plus une personne est habitée par des manques ou des blessures non assumées et non traitées, plus elle risque de s'enliser dans des demandes et des attentes obstinées. L'autre se sentira vite envahi ou utilisé. Le malaise s'installe sournoisement, la frustration prend de plus en plus de place et le couple se perd.

Il faut deux adultes responsables d'eux-mêmes pour qu'il y ait couple. Ce sont des personnes matures qui peuvent renoncer aux attentes pour devenir des êtres de désir. L'enfant a normalement des attentes qui correspondent à ses droits ou à ses manques. Pour croître vers l'état adulte, il devra guérir de ses manques et de ses blessures. Ainsi, il apprendra à goûter l'autonomie adulte et à s'en nourrir.

Les deux apprendront à distinguer le désir du besoin. Si l'intimité sexuelle se présente comme un besoin, l'autre aura l'impression ni d'inspirer ni de satisfaire un désir, mais de combler un vide. Chaque adulte a le devoir de répondre à ses besoins pour faire place au désir. La fidélité dans l'intimité sexuelle se nourrit de partage. Loin d'être une menace, le désir se situe au niveau de l'âme et donne à l'amour sa tonalité.

3. Le défi de devenir adulte

Nancy, 53 ans, est professionnelle de la santé. Elle se présente timide et gênée de partager ce qu'elle appelle son cauchemar. Depuis plus de dix ans, elle suit une psychothérapie. Elle dit avoir consulté parce qu'elle n'avait plus le goût de vivre et qu'elle était très influencée par les opinions ou les critiques reçues de la part d'amis et de collègues de travail. Depuis plus de 25 ans, elle travaille dans un centre hospitalier et doit elle-même offrir aux patients le soutien psychique et physique dont ils ont besoin.

Au début de la première rencontre, sa posture et son air donnent l'impression d'une femme enchaînée. Elle me regarde sans dire un mot. Je lui demande : « Pouvez-vous identifier un apprentissage que vous venez chercher de façon plus spécifique ? » Elle demeure silencieuse et son corps semble de plus en plus fermé. Je l'invite à respirer ; elle s'en dit incapable : « Je veux mourir ». Elle essaie de toutes ses forces de retenir ses larmes. Je respire et prends l'attitude détendue pour déclencher un effet miroir. Cette technique inspirée d'une théorie développée par Rizzolatti (1996) consiste à provoquer chez l'autre l'attitude souhaitée. Dans cette situation, il est primordial de créer une ambiance de calme favorable à l'engagement dans un processus de rétablissement personnel.

En balbutiant, elle dit : « J'ai une thérapeute depuis longtemps et je dois la rencontrer demain. Elle ne sait pas que je viens ici. Elle sera sûrement fâchée. » Je ne peux m'empêcher de lui lancer : « Si je comprends bien, vous payez pour rester emprisonnée. » Elle devient incapable de retenir ses larmes. J'ajoute : « J'ai le plaisir de vous présenter la meilleure thérapeute, la seule qui puisse vraiment vous aider. » Saisie par mon commentaire : « Pour qui vous prenez-vous ? » « Il ne s'agit pas de moi. Elle est assise en face de moi. » Avec sa dynamique de dépendance et en pleurant : « Je viens ici pour recevoir de l'aide, je ne suis plus capable de prendre soin de moi. » « Voilà le réel problème : incapable de prendre soin de vous ; eh bien vous êtes ici pour vous former à être votre propre thérapeute. » Elle se replie sur elle-même, la tête enfoncée dans les épaules. J'interviens plus fermement : « Regardez-moi dans les yeux. Croyez-vous que vous pouvez vous en sortir ? » D'une voix étouffée : « Je ne sais pas… je ne peux pas croire… » J'ajoute : « Voulez-vous vous en sortir ? Voulez-vous vous rétablir, vous retrouver ? » Elle répond : « Vous êtes dure. » Je continue : « Ne comptez pas sur moi mais sur vous. » Je lui explique brièvement la méthode MIGS, qui a comme fin de rendre la personne capable de traverser les épreuves et de fortifier son être. Invitée à pratiquer la respiration thérapeutique, en moins de dix minutes, elle a adopté une nouvelle posture. Les deux pieds bien à plat, le corps droit, elle inspire du bleu et expire son malaise. Peu à peu, ses bras se détendent et je lui présente deux petites balles molles de couleur bleu. En léger relief se découpe le dessin des cinq continents. « Voici un outil que vous pourrez utiliser au besoin. Vous êtes ici pour apprendre à respirer, à marcher, à décharger, à regarder au loin et à bien vivre sur terre. »

Elle me fait part de son inquiétude immédiate : « J'ai une rencontre avec ma thérapeute demain. Je la rencontre régulièrement depuis des années. » Je lui dis : « Vous êtes libre de choisir. Pour ma part, je souhaite que vous n'ayez plus besoin de moi l'an prochain. Vous pouvez poursuivre votre psychothérapie, mais les deux démarches me semblent incompatibles. »

Je l'invite à continuer ses exercices respiratoires et à faire des mouvements bilatéraux avec ses balles tout en exprimant ce qui surgit. Elle vient d'une famille traditionnelle. À deux ans d'intervalle, son père est décédé d'une crise cardiaque et sa mère d'un cancer. Elle dit avoir eu la chance de prendre soin d'eux dans leurs derniers moments. Puis elle verbalise sa situation actuelle : « J'ai peur d'être abandonnée par ma psy. »

Le jour où elle a choisi de mettre fin à ses rencontres avec sa thérapeute, elle a eu une crise d'indigestion. Elle s'est présentée à l'urgence et a été hospitalisée deux jours. Si les gens étaient mieux outillés pour ne pas sombrer dans la détresse, les urgences seraient moins encombrées. Il lui aura fallu trois tentatives de séparation pour mettre fin à cette relation. Elle est revenue dix jours après avoir enfin mis un point final par l'envoi d'une brève lettre à sa psy.

Après avoir franchi ce pas, Nancy a pu s'engager dans un travail de restauration. Elle avait pris l'habitude de se considérer comme inférieure. Incroyable comme l'être humain en arrive à « introjecter » des images, des paroles, des sensations désagréables et dévalorisantes. Pour ne pas avoir mal, il se conforme à une façon de vivre qui ne correspond pas à ce qu'il est.

Dans le processus thérapeutique, il y a un moment où l'on est confronté à un choix crucial : rompre ou non avec l'habitude d'être mal, vivre ou non en paix avec soi-même et les autres. Ce passage de l'état de malaise à un mieux-être suppose un renouvellement de l'engagement profond. Se relever, avancer, se libérer et reprendre possession de son être.

Au cours de son cheminement, Nancy a pris conscience qu'elle avait passé sa vie adulte à fusionner avec toutes les personnes qui lui manifestaient de l'attention. Elle était tombée amoureuse de son médecin, qui avait femme et enfants. Elle avait constamment des troubles qui l'amenaient à consulter. Elle avait réussi à avoir le numéro de téléphone de son médecin à son domicile. En pleine nuit, elle avait eu une attaque d'angoisse et, sous prétexte qu'il était un bon médecin, elle lui avait téléphoné pour qu'il se rende chez elle. Elle s'était jetée dans ses bras en pleurant comme une enfant.

Le médecin s'est retrouvé dans une situation complexe. Après une heure de soins infructueux, il lui donna un calmant par injection. En racontant l'événement qu'elle décrit comme honteux, elle se rappelle avoir été largement consolée par le fait que le docteur lui avait caressé la tête et le dos pendant qu'elle pleurait, la tête sur ses genoux.

Ce récit me permet de rappeler une dynamique que je nomme féminine. Faut-il connaître le fonctionnement de la femme pour l'aider réellement? La neurophysiologie montre que dans le développement du cerveau, au quatrième et cinquième mois de gestation, il y a le phénomène d'androgénisation (masculinisation) ou de non-androgénisation (féminisation naturelle) du cerveau. La non-androgénisation donne une caractéristique et un mode de fonctionnement spécifiquement féminins. Chez une femme immature en raison de son âge ou chez celle qui n'arrive pas à jouir de l'autonomie adulte et qui demeure emprisonnée dans ses souffrances et ses manques, il y aura une difficulté ou même une incapacité à vivre librement l'intimité. Dans une situation où elle a l'occasion de se dévoiler, de confier son vécu, elle se lie émotionnellement, croyant qu'elle est enfin aimée corps et âme. Son imaginaire la conduit dans un rêve souvent impossible. Une parole ou un regard affectueux, des soins prodigués avec douceur, une écoute attentive, un accueil chaleureux sont autant d'occasions qui peuvent déclencher des émotions fortes et précipiter dans un attachement démesuré.

La compétence de l'intervenant, dans ces circonstances, est primordiale. Deux attitudes à éviter : répondre aux attentes ou couper la relation brutalement. Savoir reconnaître le moment idéal pour enclencher un processus de maturation s'avère indispensable. Il faut inviter la femme à nommer son vécu pour amorcer un traitement spécifique à ces états. Elle doit donc choisir de se libérer de ces attaches qui l'empêchent de se réaliser et de goûter les joies et les bienfaits de l'état adulte. Pour guérir de cette dépendance, elle devra être dirigée avec fermeté et empathie. L'accompagnateur doit croire au potentiel de la personne accompagnée.

Dans ces situations, la méthode MIGS offre des outils simples et efficaces, grâce auxquels Nancy a pu se défaire des servitudes qui avaient trop longtemps pesé sur sa vie. Chaque fois qu'elle consultait pour se libérer d'une relation envahissante, elle s'attachait à l'intervenant nouvellement consulté. Ainsi, toute sa vie, elle est passée de l'un à l'autre.

Après s'être libérée de ce qu'elle appelait ses « liens emprisonnants », elle a pu surmonter les traumatismes vécus dans son enfance. Elle avait perdu son frère jumeau quelques jours après sa naissance. Fragilisée, elle est facilement devenue la proie de son oncle, son parrain et un prédateur sexuel.

Normalement, un adulte ne développe pas de liens amoureux toxiques s'il ne porte pas dans son histoire des traumatismes qui fragilisent sa capacité de se prendre en main. L'histoire de Nancy est représentative d'un grand nombre de personnes désireuses de vivre libres. Elles ont consulté durant des années, cherchant une délivrance, une porte de sortie, une façon de se rendre libres et de commencer à vivre pleinement.

Le modèle MIGS propose une formation favorisant une plus grande clarté dans ses relations avec les autres et le traitement de ses propres malaises. Il m'a fallu passer par des chemins tortueux pour trouver des outils adaptés. Plusieurs démarches, loin de me conduire à la réalisation personnelle, me faisaient dévier de mes désirs profonds. L'être humain porte en lui un « détecteur » de ce qui est bon et de ce qui est néfaste. Ce ressenti que je nomme le GPS affectif m'a permis de reconnaître l'intervenant compétent et celui qui, au fond, est en quête de son identité et de sa propre maturité. L'art d'accompagner exige humilité et oubli de soi. C'est là une condition pour que la relation thérapeutique devienne un facteur de changement et de progrès. Il n'est pas facile d'ajuster l'accueil et le lien de confiance aux conditions essentielles à l'être humain.

En règle générale, un adulte n'a pas besoin d'une longue thérapie. L'adulte en détresse aura tendance à adopter une dynamique d'enfant et à s'enliser dans des relations de dépendance. S'il souffre de carences affectives, il aura tendance à s'accrocher à la moindre manifestation de tendresse tout comme on se cramponne à une bouée de sauvetage pour survivre à un naufrage.

Nancy, cette femme profondément blessée, mais foncièrement courageuse, nous offre l'opportunité de mieux apprécier la valeur d'une personne, de tenir compte de ses aspirations profondes et véritables.

4. Mieux comprendre la maladie mentale

Les médias font régulièrement état de cas pathétiques de tueries, meurtres en série, viols et autres crimes violents. Des statistiques rappellent que 15 à 20 % des personnes en milieu carcéral souffrent de psychopathie. Cette pathologie, qui toucherait 1 % de la population, peut conduire à la violence criminelle.

Qu'il s'agisse de schizophrénie, de bipolarité, de troubles anxieux sévères, de conduites antisociales, la personne atteinte de ces troubles est elle-même victime de sa maladie et de la condition dysfonctionnelle qui détruit sa vie. Ce type de désordre psychique ouvre souvent la porte à des conduites compulsives et atypiques.

L'évaluation de l'état des personnes atteintes de psychopathie tient compte d'un ensemble de caractéristiques observables : généralement très narcissiques, incapables d'empathie, elles n'arrivent pas à lire leurs émotions et celles d'autrui. Très centrées sur elles-mêmes, elles ne ressentent pas la culpabilité et ne font aucune autocritique. Incapables de vivre la moindre frustration, elles sont très impulsives, centrées sur la gratification immédiate et ont de la difficulté ou sont même incapables de contrôler leurs envies sexuelles. Ces traits constituent effectivement un mélange explosif.

Rappelons que la psychopathie est encore une réalité difficile à cerner. En faisant un survol de l'évolution des théories en cette matière, nous pouvons constater qu'un manque de connaissances d'une réalité humaine douloureuse peut être lourd de conséquences.

Tribolet (1997), Tver (1991) et Garrabé (1999) m'ont inspiré ce bref historique. Au début du XIXᵉ siècle, le médecin français Philippe Pinel est parmi les premiers à convertir la « folie » en maladie mentale. Il décrit notamment le syndrome de la « manie sans délire ». Benjamin Rush, médecin américain, propose le terme de « dérangement moral » lorsqu'un patient ne souffre pas d'hallucinations et qu'il n'est pas psychotique. Il introduit le concept de conduites antisociales dégénérant en actes de violence.

Cinquante ans plus tard, aux États-Unis et en Angleterre, l'expression « aliénation morale » est souvent utilisée pour des criminels incorrigibles. En 1880, des Allemands introduisent le mot « psychopathe », littéralement « âme qui souffre ». En 1920, les comportements violents et antisociaux sont décrits sous l'expression d'« infériorité psychopathique constitutive ».

C'est autour des années 1940 que le psychiatre américain Harvey Cleckley évalue les « psychopathes primaires » à partir de 16 traits distinctifs. Il différencie cette pathologie d'autres troubles dont le mensonge, le manque d'empathie, d'honnêteté, l'irresponsabilité... À la fin des années 1950, le psychologue Partridge emploie le terme de « sociopathe ». Et en 1963, le docteur Robert Hare, professeur à l'Université de Colombie-Britannique, propose une liste de vérifications de la maladie mentale en 20 points. Cette échelle de psychopathologie est encore utilisée à travers le monde.

C'est enfin en 2007 qu'un psychiatre du Nouveau-Mexique, Kent Kiehl, tente de trouver les zones cérébrales atteintes lors de psychopathies. À cette fin, il utilise l'imagerie par résonance magnétique (IRM), à laquelle il soumettra une centaine de détenus. La psychopathie serait, selon lui, causée par une déficience du système paralimbique : un ensemble de régions du cerveau qui participent au traitement des émotions, des inhibitions, de la concentration et qui influence l'élaboration de l'expérience affective.

D'autres biologistes spécialisés dans les fonctions moléculaires tentent de découvrir une manifestation génétique. Ils croient que deux gènes associés à l'alcoolisme sévère pourraient aussi être liés à la psychopathie. De nombreuses recherches se font pour mieux ajuster le traitement à l'aide de drogues thérapeutiques.

Aborder le traitement n'est pas chose facile, peu de cliniciens acceptant de travailler avec ces personnes. Elles peuvent effectivement être violentes et menaçantes. Pour le moment, le traitement se limite davantage à contrôler les symptômes. De nouvelles méthodes essaient de relever le défi, mais avec difficulté. Il manque d'infrastructures pour mieux encadrer les personnes traitées.

C'est en travaillant de près avec des personnes présentant des signes de maladie mentale que j'en suis venue à adopter le terme de désordre émotionnel. L'élaboration d'émotions, composées d'un état affectif spécifique qui génère une molécule, serait l'élément dominant dans les conduites dysfonctionnelles et les troubles mentaux.

Henry, 42 ans, se présente sans rendez-vous. Il insiste pour me rencontrer. Je le reçois dans une pièce de traitement MIGS. Le dispositif est simple : un bureau de travail, le client d'un côté, l'intervenant de l'autre. Un petit meuble contient le matériel thérapeutique : petites et moyennes balles molles, pâte à modeler, crayons de cire de différentes couleurs, feuilles à dessiner.

En entrant dans le bureau, Henry regarde partout et s'arrête à chaque détail : le point au centre de l'horloge, le clou qui soutient le calendrier, l'espace entre les tuiles au plafond, etc.

Je l'invite à s'asseoir. Il me répond : « Je suis pressé. » « Pourquoi ? » « J'ai quelqu'un à tuer » « Qui ? » « Mon ex et toutes les femmes qui lui ressemblent. » « Votre ex est vivante ? » « Oui. »

Je saisis assez vite que cet homme est profondément troublé. J'essaie de comprendre ce qu'il vit. Après lui avoir brièvement expliqué notre façon d'intervenir, il accepte de prendre de la pâte à modeler. Je l'invite à respirer selon la méthode thérapeutique et à faire des mouvements de bilatéralité. Les exercices sont entrecoupés de réflexions et de questions simples, parfois préoccupantes. « Je vais sûrement la tuer. Qu'en pensez-vous ? » Je lui réponds simplement : « Continuez vos exercices, ça va. Respirez, regardez-moi… » À un moment donné, il me demande : « Avez-vous peur de moi ? » Il dit d'une voix forte : « Je suis dangereux. » De façon très naturelle, je ris et lui réplique : « Tu sais, toute personne souffrante est dangereuse ; toi au moins, tu traites ta souffrance. » Il me répond : « Tu es plus folle que moi. » « C'est o.k., continue. Ça va bien, l'humour est signe de santé. »

Je réussis à savoir qu'il est logé dans une maison qui accueille des gens souffrant de troubles semblables aux siens. Après avoir communiqué avec la responsable de la maison, je poursuis le travail.

Tout au long des rencontres, Henry passait de la peine à la colère. Chose étonnante, il était fidèle à ses rendez-vous.

À la cinquième rencontre, il se présente en colère, me disant qu'il s'était acheté un fusil de chasse et que sa proie était sa mère. Je savais qu'elle était décédée l'année précédente. Il dessine sa mère avec un crayon noir, des pics sur la tête, les doigts ressemblant à des couteaux, les yeux tout grands avec une expression de haine. Il insiste longuement avec les crayons au niveau des génitaux et des seins. Je l'invite à adopter la respiration thérapeutique. Je respire avec lui. Il finit par donner à sa respiration l'ampleur désirée. Je lui donne de la pâte à modeler de couleur noire que j'avais achetée par erreur. Il fait deux boules avec ses mains; en adoptant de lui-même le mouvement rythmé gauche-droite, il se met à frapper sur son dessin. La colère l'emporte. Il crie: «Non! Non! Non!» Je l'incite à poursuivre en criant avec lui. Il frappe de plus en plus fort et devient trempé de sueur. Il prend alors une grande feuille blanche et dessine son père, en noir avec les yeux rouges. Les traits sont semblables au dessin de sa mère. Il réclame les grosses balles et frappe d'une balle sur le dessin de sa mère et de l'autre sur le dessin de son père. Avant de dessiner son père, il avait lancé la pâte à modeler sur le mur à sa gauche.

Il est debout et je l'accompagne, debout, de l'autre côté du bureau. Les pieds et les mains scandent le mouvement thérapeutique. Il inspire profondément la liberté et expire longuement ce qu'il nomme le noir. À quelques reprises, je l'amène à faire silence et à écouter en lui son désir le plus profond. À ma grande surprise, il obéit à la lettre. Peu à peu, son désir de détruire se transforme en un désir de vivre libre. La séance se poursuit; parfois il s'assoit et à d'autres moments, il est debout.

Après une heure, il jette par terre le dessin représentant son père et met les deux pieds dessus. Il perd le contrôle et manifeste un état de dissociation. Il rit, il pleure, il regarde le plafond, sa respiration devient saccadée. J'adopte un ton de voix ferme et lui demande de reprendre les exercices indiqués. «Respire profondément… avec tes pieds règle les mouvements gauche-droite, tiens-toi droit, et fais un homme de toi.» J'insiste sur chaque indication, que je répète d'un ton déterminé. Après trois ou quatre fois, il adopte peu à peu l'attitude thérapeutique. Le travail s'intensifie, sa voix devient de plus en plus assurée, son visage prend une expression de décision. À ma demande, il arrête tout mouvement pour prendre l'attitude d'écoute intérieure.

Il reprend le travail avec vigueur. Après trente minutes, il regarde le dessin figurant son père qu'il a toujours sous les pieds et dit: «Tu n'es pas un père… Tu n'es qu'un égoïste centré sur ton flasque d'alcool et ton pénis.» Puis, en frappant avec ses pieds : «Salut bonhomme. Je n'attends plus rien de toi.» Il place le dessin figurant sa mère sur celui de son père. En le piétinant d'un mouvement gauche-droite, il inspire profondément et expire longuement. Il prend la position d'un vainqueur, et fixant le tableau où l'on voit un arbre, le ciel bleu et la lumière, il dit : «Adieu parents. Allez, dehors. C'est assez… Vous avez joué avec moi. J'étais votre cible, votre chose, votre objet de plaisir.» Il continue. J'insiste sur les mouvements et les respirations. Il prend le rythme qui était le sien. «Allez. Je n'attends plus rien de vous. Foutez le camp.»

Il termine en déchirant les papiers en tout petits morceaux. «Que respires-tu ? – J'inspire la force et la liberté. Ça ne fait qu'un. – Qu'éprouves-tu ? – Je sors de moi ce mal d'avoir été traité en objet.» Il s'essuie les mains et le visage. Il éclate de rire en voyant sa veste imbibée de sueur. Il dit : «Je suis mouillé comme un nouveau-né. Cette fois je n'ai plus besoin de parents.» Son rire exprime clairement le résultat d'un travail bien accompli.

Henry s'est engagé à faire ses exercices thérapeutiques chaque jour : une marche thérapeutique d'une heure, deux fois par jour, l'écoute intérieure, l'écriture et sa détente préférée, la poterie. À chaque rencontre, il exprimait ses détresses, ses succès et actualisait son désir de vivre libre, en accord avec lui-même. Il a dû composer avec les réactions de ses proches (sa blonde, ses parents, ses deux frères et sa sœur) qui avaient de la difficulté à comprendre le changement qui s'opérait en lui. Le soutien thérapeutique était nécessaire pour l'appuyer dans sa démarche. Au début, je le voyais chaque semaine. Dès la fin du deuxième mois, une rencontre aux deux ou trois semaines suffisait.

Après six mois, Henry agissait en homme responsable et avait appris à vivre le quotidien sans dramatiser les situations éprouvantes ou imprévues. Il a déménagé, changé de milieu, se donnant le droit d'être vu comme homme nouveau. Sa conjointe s'est aussi impliquée dans un processus court. Les deux ont pu développer leur art : ils font de la poterie et du dessin. Ils ont un atelier qui leur permet de vivre bien, et ils ont eu la joie d'accueillir leur premier enfant.

L'histoire d'Henry nous apporte de précieux éléments de compréhension de la nature humaine. En particulier, la nécessité de découvrir et de traiter ses traumatismes psychiques pour réussir son humanité, c'est-à-dire exercer sa liberté et sa responsabilité, et goûter les joies qui en découlent.

Henry nous montre qu'il est important d'abandonner ses attentes obstinées pour rejoindre ses désirs profonds. L'attente est le propre de l'enfant. Il est dépendant, et il est nécessaire que ses proches répondent à ses besoins. Il doit apprendre à distinguer entre ce qui est bon pour lui et ce qui relève d'un caprice non profitable à son développement.

Beaucoup d'adultes conservent des attentes irréalistes et vivent par conséquent dans la déception. L'infantilisme emprisonne nombre d'individus qui possèdent pourtant le potentiel de devenir adultes. Briser les chaînes de la dépendance implique le choix de devenir soi-même. L'enfant s'éloigne facilement de ce qu'il est véritablement pour répondre aux exigences de son milieu. Étant dépendant, il n'a pas le choix de s'ajuster aux attentes de ses donneurs de soin. Il adopte des façons d'être et de penser qui ne correspondent pas toujours à ce qu'il est.

Pour imiter son père, Henry avait mis sa sensibilité sous le boisseau et s'était inscrit à la faculté d'ingénierie. Il avait sombré dans l'alcool, dont l'abus provoquait chez lui des accès de violence. Son père avait lui-même un fort penchant pour l'alcool, en plus de s'adonner au jeu et de fréquenter les bars de danseuses.

Sa mère, prise dans une dynamique de victimisation, lui confiait ses malheurs et le suppliait de ne pas devenir comme son père. Étant le cadet de la famille, il est devenu le protecteur et le consolateur de sa mère. Elle le berça jusqu'à l'âge de douze ans, le serrant contre ses seins et son ventre. Il a souvent dit qu'il était le plaisir de sa mère, utilisé comme un stimulateur de sensations agréables. Il répondait aux attentes de sa mère en souffrant la privation du père. Il laissa ses études universitaires à la suite d'une attaque de panique. Il avait dû être hospitalisé durant un mois. Il se rappela ce moment en disant que ce fut pour lui une chance de pouvoir s'éloigner de sa mère. Par ailleurs, comme il était entouré de personnes souffrant de troubles mentaux, cette hospitalisation lui est apparue comme une issue naturelle pour un homme en détresse.

Depuis ses vingt ans, il avait des fantasmes de destruction : « C'était une hantise, le but de ma vie. » Il a fréquenté des bars où il a connu la mère de son premier enfant, une fille. Cette aventure amoureuse a duré peu de temps. Vivant de l'aide sociale, il a fait le trafic de la drogue. Il a dû passer dix-sept mois en prison. Il a perdu sa fille de vue. Il disait : « J'ai transmis à ma fille le mal reçu de mon enfance. » Il a par la suite rencontré une femme qui avait de grands talents pour la fraude. Il a eu deux fils avec elle. Au moment de sa thérapie, l'un d'eux quittait le centre d'accueil pour se débrouiller dans la vie, l'autre vivait à l'extérieur du pays.

L'histoire d'Henry nous rappelle la chaîne de transmission. L'enfant a peu de chance de se libérer d'un milieu dysfonctionnel. Il est en survie, dépendant pour recevoir une réponse à ses besoins physiques et affectifs. Au début de sa vie, une personne introjecte facilement ce qu'elle reçoit de son milieu. Elle se perd et devient ce qu'elle n'est pas. Comment vivre heureux en dehors de son être, de son état singulier reçu dès la conception ?

Henry disait : « Je suis devenu ce que je n'étais pas. J'étais pour moi-même un étranger, un déchet même. » Il a dû vivre le deuil de son système de défense qui, au moins, lui avait permis de se rendre à la porte de l'Institut où je l'ai reçu. Les mécanismes de défense qu'une personne adopte inconsciemment sont puissants. Ils ont l'avantage de sauver la vie. Mais la personne blessée s'y accroche, croyant que c'est de cette manière qu'il faut vivre.

L'être humain doit dépasser l'épreuve de la dépendance spécifique à l'enfance pour atteindre l'âge adulte où il peut faire le choix de récupérer son être et sa force vitale. Il me semble préoccupant de constater qu'un grand nombre d'« adultes » n'ouvrent pas la voie à l'état adulte et n'ont donc pas la chance de se retrouver et de s'appartenir à nouveau.

Que de fois je dis : « Si vous saviez les enchantements de l'état adulte. » Cette liberté, cette assurance, cette capacité d'assumer la vérité de son histoire est sans comparaison avec l'état de dépendance. L'enfant doit se nourrir ; l'adulte est convié au banquet.

Depuis quatre ans, je n'ai pas de nouvelles d'Henry. Quand quelqu'un se met en route, il peut poursuivre son chemin sans avoir constamment recours à l'aidant.

La méthode MIGS a pour objectif principal de promouvoir l'autonomie thérapeutique, d'aider les adultes à soulager leur propre détresse et d'offrir aux parents les outils pédagogiques pour accompagner leurs enfants dans cet apprentissage à la vie adulte. Le souhait est que la personne soit mieux outillée pour traverser les épreuves de l'existence et s'épanouir librement.

Loin de nier la souffrance et la mort, il s'agit de développer l'art de vaincre. L'épreuve est une constante invitation à recourir aux ressources personnelles que chacun porte en soi. Faire face à ses limites est un effort constant. Je dirais mieux : un choix de se mettre debout et d'avancer. La difficulté est réelle, mais elle offre aussi l'occasion d'activer sa créativité et de prendre en main son devenir.

L'accueil et l'écoute de l'autre m'ont conduite à foncer et à sortir de ma torpeur. J'étais une enfant qui figeait devant l'adversité. Souvent malade, je m'isolais dans un monde imaginaire. J'ai trouvé pénible la pauvreté, la lutte pour prendre ma place, le départ de mes frères, les rhumatismes dont souffrait mon père, mais j'ai dû apprendre à dépasser ce qui encombrait mon chemin. C'est l'apprentissage que l'être humain doit faire. Chaque personne rencontrée m'a enseigné qu'un choix est fondamental : se poser en victime ou se lever et avancer. Dans la théorie MIGS, il y a deux mots clés : croire et vouloir. Croire que chaque personne porte en elle ce dont elle a besoin pour vaincre les épreuves de la vie. Vouloir traverser ces moments douloureux, renoncer à la dépendance et au plaisir d'être pris en charge. L'essentiel pour la réalisation humaine est avant tout la paix – dans tous les sens du terme –, le bien-être affectif et la santé physique, et ce, dans la mesure du possible. Ce possible qui peut sembler si loin est accessible et frappe constamment à notre porte.

Henry m'a appris que chaque être humain est une « terre sainte ». Je dois l'approcher avec respect. Croire en son potentiel est indispensable pour ne pas tomber dans le piège des réactions transférentielles. Vouloir le meilleur pour l'autre suppose cette liberté intérieure qui permet la fidélité à l'être. Cet autre est inévitablement différent de moi. Dans l'accompagnement thérapeutique, l'accueil, l'observation patiente et la connaissance du cœur humain sont des atouts majeurs.

L'histoire de Karole nous aidera à mieux comprendre le rôle de l'intervenant et à développer de nouvelles aptitudes pour soulager la détresse humaine malgré ses complexités.

Intervenante en psychothérapie, Karole, 31 ans, vit une séparation qu'elle n'avait pas vu venir. Quand l'homme avec qui elle était mariée depuis 9 ans lui a dit qu'il la quittait, elle s'est effondrée. Elle est entrée en état de choc et n'arrivait plus à prendre soin d'elle et de ses enfants de 3 et 5 ans. Son mari avait une liaison amoureuse secrète depuis près d'un an.

Karole se présente avec l'allure d'une excellente candidate pour l'urgence d'un hôpital. Dès les premiers mots d'accueil, elle est secouée de sanglots et de gémissements étouffés. Jérémie, son ami âgé de 40 ans, l'accompagne, suppliant qu'on aide cette femme qu'il aime et apprécie. Ils se sont connus dans leur enfance et souhaitaient se retrouver un jour.

Jérémie décrit Karole comme une enfant mignonne. Elle avait de beaux cheveux longs et bouclés. Habillée comme une princesse, elle s'amusait dans le parc en face de chez lui. À l'âge de 16 ans, il l'avait même gardée avec ses deux petits frères jumeaux.

Karole présente le profil d'une personne souffrant d'un trouble mental sévère. Même s'il est délicat de demander au conjoint de jouer un rôle de thérapeute (selon les normes, le conjoint ne doit être ni le thérapeute, ni le parent, ni l'enfant de la personne avec qui il est engagé en couple), à la première rencontre, j'ai dû impliquer Jérémie pour qu'il puisse assurer les exercices thérapeutiques trois fois par jour. Je lui ai demandé d'insister sur la revitalisation et l'expulsion du malaise.

Karole et Jérémie demeuraient sous le même toit, mais n'étaient pas encore engagés en couple. Jérémie était célibataire, ayant obtenu deux ans auparavant l'annulation de son mariage. Il avait vécu pendant douze ans avec une femme qui souffrait de paranoïa. Il n'avait pas d'enfant et se disait prêt à agir en père affectif auprès des enfants de Karole, confiés aux grands-parents paternels. L'ex-mari de Karole, père des enfants, avait quitté le pays.

À l'occasion, Jérémie téléphonait à l'intervenante pour l'informer du progrès de Karole, grâce à l'assiduité aux exercices, et pour obtenir quelques conseils.

Après quatre semaines de travail et d'exercices, je reçois Karole pour une seconde entrevue. Elle se montre plus souriante et se dit heureuse de pouvoir marcher deux heures par jour. Elle souhaite être seule, sans la présence de Jérémie.

Elle m'avoue qu'elle se sent comme une criminelle et déclare qu'elle ne mérite pas de vivre. Aveu ou fabulation ? Selon la méthode MIGS, l'intervenant n'a pas à évaluer la véracité des faits. C'est en invitant la personne à entrer dans son ressenti qu'elle arrive à toucher sa réalité et à se libérer des malaises profonds. La compétence de l'intervenant est essentielle pour assurer le contact avec l'émotion. Quand quelqu'un dit qu'il a peur d'inventer ou encore qu'il craint de ne pas sentir, ces appréhensions sont déjà du vécu émotionnel qui peut être utilisé. L'important est que la personne accompagnée traite au fur et à mesure ses malaises.

À l'aide des outils d'expression spontanée (tests projectifs) qui sont aussi thérapeutiques, l'intervenant est en mesure d'évaluer l'authenticité du travail. On évite ainsi les pertes de temps et d'énergie. Dès qu'il perçoit que la personne n'avance pas, il a la responsabilité de déterminer ce qui fait obstacle au traitement et de réajuster le travail.

Afin d'éviter une résolution à mi-chemin, j'avais pris la précaution de réserver deux heures. Après dix minutes de traitement plutôt silencieux, Karole se sent envahie par la peine et dessine constamment les mêmes traits avec les crayons noirs et rouges. Le rythme de la respiration et les mouvements thérapeutiques sont maintenus. Parfois, elle prend la pâte à modeler ou continue le dessin. Des paroles montent en elle: «Tu as tué ta petite sœur». La voyant très troublée, je l'invite à partager son vécu. «Je me vois à côté d'une pierre tombale, ma mère me dit: C'est toi qui as tué ta petite sœur. Demande-lui pardon.» Elle ajoute: «Je sens que c'est vrai.» Elle tremble de tout son corps, pleure et crie: «Je ne voulais pas qu'elle meure.» Je lui dicte de continuer. «Laisse trembler ton corps. Accueille ce qui monte sans te juger et sans dramatiser.» D'un ton ferme, je dois freiner sa respiration saccadée.

Dans des situations particulièrement bouleversantes, certaines manifestations ou crises émotionnelles peuvent s'apparenter à une attaque d'hystérie (perte de contrôle avec hyperventilation). Il est important que l'accompagnateur intervienne alors rapidement. Dans ces états atypiques, le travail est bloqué. La personne s'épuise et s'éloigne du but thérapeutique : résoudre les traumatismes qui contaminent le présent et se revivifier.

Fidèle aux consignes, elle entre dans sa détresse et évoque un souvenir enfoui dans sa mémoire. Elle a cinq ans, sa mère porte les jumeaux. Elle lui demande de prendre soin de sa petite sœur qui commence à marcher et qui a l'habitude de fouiller partout. Dans un moment de distraction, la petite tombe, se frappe sur une chaise et pleure abondamment. Impatiente, la mère met le bébé dans son berceau et demande à la petite Karole de la bercer. Elle ajoute d'un ton sévère : « Je ne veux plus l'entendre pleurer. » L'enfant tâche d'endormir le bébé, qui se remet à pleurer. La mère lui crie : « Je ne veux plus l'entendre. Berce-la et donne-lui sa suce. » En vain. Par crainte de mécontenter sa mère et d'être punie, la fillette met un oreiller sur la figure de sa petite sœur, qui ne se réveillera jamais. En revivant ce drame, elle pleure amèrement. Je l'amène à traiter son angoisse et à appliquer le traitement sans discontinuer.

Sans un traitement continu, une personne n'arrive pas à pénétrer dans les profondeurs de sa détresse, ni à traverser l'épreuve pour enfin se libérer. L'application du modèle clinique MIGS offre à l'accompagnateur des outils qui lui procurent la sécurité dont tout bon intervenant a besoin. Ayant appliqué la méthode lors de son processus personnel de rétablissement, l'accompagnateur connaît les degrés de désorganisation qu'une personne peut vivre et a toujours en main sa « trousse d'urgence » (exercices, mouvements, respiration…) qu'il peut utiliser à n'importe quel moment.

Karole se présente de nouveau douze jours plus tard. Elle se dit soulagée d'un poids immense, mais elle éprouve toujours un sentiment de détresse. Je vérifie son ressenti quant au drame de son enfance et à la peine tenace qui en a résulté. Je suis étonnée de constater que la résolution semble complète.

Toujours accompagnée de Jérémie qui se montre heureux de profiter lui-même des exercices thérapeutiques, elle demande à être seule. Un autre motif explique sa demande. L'année suivant son mariage, elle était devenue enceinte. Elle ne savait pas si l'enfant était de son mari ou d'un autre homme avec qui elle avait eu une aventure. En découvrant qu'elle était enceinte, elle a paniqué. Perturbée de ne pas savoir qui était le père, elle a demandé une interruption de grossesse. Elle a toujours gardé cette intervention secrète. Seuls les membres du personnel hospitalier concerné étaient au courant.

Pour l'aider à se remettre, on lui avait conseillé de tourner la page et de regarder en avant. Malheureusement, ces conseils ne lui ont pas été utiles. Pour un être humain, l'oubli ne résout pas le problème. La mémoire moléculaire ne peut oublier. Même si le système nerveux central enclenche des mécanismes de survie et d'oubli, l'émotion est inscrite dans le corps, et l'âme ou l'inconscient continue à porter le fardeau.

J'ai souvent l'occasion de rencontrer des femmes qui ont subi une IVG. Leurs réactions sont très variées. Certaines en parlent en pleurant, même si c'est arrivé plusieurs années auparavant. D'autres affirment que tout s'est bien passé, qu'elles ne regrettent rien, qu'elles ne se souviennent plus, ou qu'elles n'ont pas le sentiment d'avoir perdu un enfant. C'est un sujet délicat à traiter puisque les services médicaux en général en font une routine. C'est devenu pour plusieurs un moyen de régulation des naissances.

Néanmoins, même si l'interruption de grossesse est légalisée et le libre choix des femmes en cette matière reconnu, la question est loin d'être réglée. Qu'elle s'en souvienne ou non, qu'elle le présente comme un événement douloureux, regrettable ou sans incidences, le traumatisme qui s'ensuit n'est pas résolu et il laisse des séquelles.

Suite à son avortement, Karole avait eu des difficultés relationnelles avec son conjoint. Elle dit : « Pour expier ma faute et sauver mon couple, j'étais devenue soumise. » Elle ajoute : « Quand j'ai eu mes enfants, je me suis donnée entièrement comme mère. J'ai souvent oublié que j'étais épouse. »

Une ambivalence règne dans le milieu médical. Pour certains, on peut disposer à sa guise du fœtus qui dérange, et ce, même à un stade où le fœtus est viable. D'autres spécialistes, par contre, s'acharnent à sauver des fœtus parce qu'ils les jugent viables. Ce sont là des jugements gratuits : éliminer celui qui n'est pas désiré ou utiliser tous les moyens pour garder en vie celui qui est désiré. Ces drames intimes dont souffrent les femmes en silence ne sont pas bien identifiés par le système de santé. Les manifestations des malaises qui s'ensuivent n'apparaissent généralement pas dans l'année qui suit l'intervention, mais plus tard.

L'avortement n'est pas le problème d'une femme, mais bien un désordre social. L'illusion d'une société sexuellement épanouie empêche de voir la réalité pour lancer le défi qui s'impose : offrir à nos jeunes l'éducation sexuelle dont ils ont besoin pour vivre une sexualité responsable et propre à leur âge. Ils adopteront une conduite plus responsable s'ils reçoivent des connaissances sur leur mode de fonctionnement émotionnel et s'ils identifient leurs désirs profonds. Les statistiques confirment l'augmentation accrue des problèmes sérieux conséquents à des conduites sexuelles irresponsables ou déshumanisantes. Un plan d'intervention adéquat de la part des responsables politiques et sociaux pour contrer les problèmes actuels devient une priorité.

Pour ce qui est de Karole, elle a su faire des liens entre sa précocité sexuelle, la mort de sa petite sœur, la perte de son enfant et son déséquilibre actuel. Elle décrit l'avortement comme l'ultime violence de la femme contre elle-même. Dans l'ordre naturel des choses, une femme est incapable de choisir d'éliminer son enfant. Devant une grossesse imprévue qui dérange ses plans, elle vivra de l'anxiété. Pour y remédier, la tendance dominante est de prendre le chemin de la clinique. C'est la seule proposition offerte, là où la résolution est rapide et gratuite. Elle ne peut cependant s'y résoudre sans engourdir sa sensibilité, sans qu'il se produise en elle une dissociation. Elle devra, par la suite, cacher sa souffrance et s'y faire tant bien que mal. Karole a laissé surgir cette souffrance sournoise et l'a traitée. Elle a ainsi récupéré son être de femme dont la mission spécifique est de nourrir et de protéger la vie, en elle et autour d'elle.

Pour mieux comprendre et traiter les personnes souffrant de troubles mentaux, il serait salutaire et rentable pour la société de savoir scruter ces détresses dont on ne voit pas le fond et qui sont à l'origine de conduites destructrices. Une personne aux prises avec une maladie mentale crie, à sa façon, le besoin d'être libérée de son malheur. La vérité libère, et c'est dans la vérité, non dans le déni ou l'ignorance, que la croissance est possible.

5. Mieux comprendre la déviance sexuelle

Dans nos sociétés, la déviance sexuelle n'est plus une réalité cachée. Les médias nous rappellent quotidiennement l'existence d'abus sexuels, sur lesquels l'opinion publique a vite fait de porter un jugement : on sympathise avec les victimes et on condamne l'abuseur. Peu de compréhension du caractère pathologique de l'acte déviant, peu d'empathie pour l'abuseur, généralement lui-même victime dans son jeune âge.

Il n'est pas si simple pour le commun des mortels d'évaluer l'état de l'individu accusé ni de mesurer son degré de dangerosité. Les médias qui ont mission d'informer le public présentent systématiquement les actes de pédophilie de façon sensationnaliste. La non distinction entre l'acte et la personne incite l'opinion publique à devancer le juge. Le diagnostic de pédophilie, étalé en gros sur une page de journal, prononcé par un journaliste est lui-même problématique. On peut se demander qui a l'autorité professionnelle de poser un tel diagnostic. Les conduites pédophiliques sont certainement graves et leurs conséquences dramatiques. Je propose ici des pistes de réflexion pouvant aider à mieux comprendre.

Parmi les comportements délinquants qui attirent l'attention du public, les uns sont réprouvés, d'autres sont quasi valorisés. Pour des groupes spécifiques, en effet, le vol, la fraude, le trafic illicite et même l'homicide sont approuvés sinon vantés. Au niveau sexuel, il en est de même. Les pratiques sadomasochistes, l'échangisme, la consommation de porno sont proposés comme des pratiques à explorer qui peuvent même représenter le « in » en sexualité.

D'autres conduites sont fortement condamnées. Ainsi, le jugement populaire à l'endroit de qui a commis des actes pédophiliques est très sévère : ces individus doivent être castrés, enfermés, voire éliminés ; les enfants doivent être protégés de ces criminels qui brisent irrémédiablement des vies.

Il est temps de faire la lumière sur des contradictions et inconséquences qui, loin de contrer l'ignorance ne font qu'augmenter la condamnation, la violence et l'hypocrisie. Qu'en est-il de cette vague de consommation pornographique qui démolit les enfants, les jeunes et les adultes ? Cet usage courant et facile d'accès incite à la déviance et à la perversion sexuelle. La société désireuse d'une bonne santé semble ignorer la présence de ces « virus » hautement nocifs.

Il est vrai que l'enfant est profondément blessé par l'abus sexuel, qui inclut les messages érotiques, les photos, les films, les discours pornographiques... Observons tout ce que les enfants reçoivent comme information : la valeur du corps, de la femme en particulier, est proportionnelle au plaisir qu'il peut procurer. Un homme doit être un performant génital. Le rapport sexuel doit se faire de n'importe quelle façon pourvu qu'il y ait du plaisir, et cela, sans mesurer les conséquences. Quand la sensation de plaisir est indicatrice de normalité, la conduite déviante peut facilement se répandre.

Les pratiques sadomasochistes, avec le temps, produisent des sensations de plaisir souvent confondues avec l'habileté orgasmique, tout comme le jeu de la pendaison, de plus en plus populaire chez les jeunes qui risquent même leur santé et leur vie pour un réflexe de plaisir intense. L'échangisme pratiqué au nom d'une plus grande exploration érotique chez le couple devient vite un apprentissage à la désensibilisation affective.

Les critères essentiels à l'amour humain, normalement ressentis si l'on dispose d'un minimum de sensibilité affective, sont de plus en plus délogés par des discours hédonistes vides de sens humain. L'augmentation des pratiques déviantes, les milieux dysfonctionnels, la mode hyper sexy sont autant d'éléments qui affectent ce potentiel d'amour et qui détournent nos jeunes de l'apprentissage d'une sexualité saine.

Quand une société tolère, banalise ou valorise des conduites et des attitudes que je qualifie de «briseuses d'amour» et même de «tueuses d'humanité», le concept de santé sexuelle devient vite confus. Il convient de tâcher de comprendre les individus qui les adoptent, souvent en toute innocence. Le jugement et la condamnation peuvent se manifester, mais le courant de réhabilitation se fait attendre.

La conduite déviante est en soi complexe. Une formation permettant de saisir les nuances qui s'y rattachent devient nécessaire. Grâce à l'initiative de professionnels, quelques programmes de thérapie sont offerts afin d'aider l'individu à se réhabiliter. Peu de personnes y ont accès.

À la suite d'interventions cliniques inspirées du modèle MIGS, je me suis interrogée sur les causes externes et internes à l'origine de la conduite sexuelle déviante, ou du moins problématique. Le rôle du vécu émotionnel et son implication dans la conduite sexuelle humaine a particulièrement retenu mon attention.

En invitant l'individu à parler de son délit ou de ses difficultés sexuelles et des événements entourant ses conduites problématiques, j'ai fréquemment observé que l'émotion vécue avant le passage à l'acte est perçue comme incompréhensible et incontrôlable : « Je ne sais pas ce qui m'a pris, mais j'ai fait tel geste… » Cet agir incontrôlé est d'ordre pulsionnel. Le vécu émotionnel est perçu comme une forte poussée pouvant conduire à des gestes involontaires, désastreux pour soi et pour les autres.

Au cours de sessions de formation appliquant des notions sur la gestion de l'émotion, j'ai fréquemment observé chez les participants une difficulté à identifier l'aspect inconnu qui fait généralement partie de l'émotion forte. La plupart relatent avec clarté les faits précédant l'agir, mais au moment de nommer le vécu motivant l'acte commis, ils avouent faire face à de l'inconnu. Ils disent : « J'ai senti quelque chose de fort en moi », « Je me suis senti poussé », « Je ne pouvais pas m'arrêter », « Je n'ai pas eu le temps d'y penser », « C'est venu tout seul », « C'était plus fort que moi »… Et ils ajoutent : « C'est seulement après que j'ai constaté ce que j'avais fait. »

L'aveu de la conduite déviante devient vite le centre autour duquel s'élabore un dialogue permettant de mieux comprendre la situation afin d'y apporter les solutions adéquates. Tout au long de l'exploration, la personne accompagnée manifeste souvent qu'elle fait face à un « mystère ». Elle laisse entendre qu'une partie de son expérience lui échappe et que cet inconnu devient même l'élément déclencheur de la conduite dysfonctionnelle.

Suite à ces observations, j'ai exploré l'ensemble des éléments engendrant des actes déviants non identifiés par l'acteur. L'analyse de l'impact qu'ont l'émotion et le sentiment dans le développement sexuel humain et l'attitude sexuelle m'ont permis de constater que les actes déviants font partie des désordres sociaux. Ils prennent de plus en plus d'ampleur, d'où l'urgence d'intervenir. Malgré l'intervention spécialisée de professionnels compétents, la récidive demeure un danger réel sur lequel il faut s'arrêter. L'acte «émotionnel pulsionnel» est inhérent à la vulnérabilité de la personne.

L'individu souffrant de déviance sexuelle qui s'implique dans une démarche thérapeutique arrive difficilement à se voir comme un être vulnérable. Il porte secrètement la crainte de revivre une dynamique le conduisant à adopter un comportement qui l'écarte de la norme sociale. Plusieurs m'ont confié leur désarroi devant leur incapacité à contrôler leurs pulsions sexuelles. Certains admettent avoir des conduites sexuelles non conformes à leurs valeurs et à leurs options. Chez la plupart, j'ai pu observer une expérience d'«obscurité». Ils ont peur d'être dénoncés et se disent par ailleurs incapables d'arrêter. Inconsciemment, ils souhaitent recevoir l'aide dont ils ont besoin et qu'ils ne parviennent pas à demander.

Il est important de noter que certains individus ayant commis des abus ou des délits sexuels n'arrivent pas à reconnaître leur problème et dénient leur responsabilité. Ils sont généralement insensibles aux souffrances de l'autre et incapables d'identifier leurs états émotifs. En se déculpabilisant, ils minimisent les dommages infligés à leurs victimes, ils arrivent même à justifier leurs actes et à les considérer comme normaux. Cette catégorie mérite une intervention spécialisée en psychiatrie.

Au terme de diverses constatations, une question s'est fait jour dans mon esprit: «L'individu ayant appris à traiter ses émotions serait-il plus en mesure d'évaluer la gravité de ses actes et de contrôler sa conduite?» Lors de l'animation de différents groupes de thérapie, j'ai cherché à mieux comprendre l'influence de l'état émotionnel sur l'agir humain. Les individus classés délinquants sexuels sont aux prises avec des difficultés spécifiques. Il semble que le monde des émotions demeure un langage complexe auquel ils ont peu accès. Même chez la personne faisant preuve de santé psychique, l'état émotionnel n'est pas toujours reconnu. Il peut être fortement ressenti et se manifester par des conduites inadaptées ou déviantes.

Je compare le vécu émotionnel à la boîte noire d'un avion. Quand il se produit des accidents, il devient important d'en chercher les causes et d'en connaître le déroulement. Une personne dit avoir été envahie par une force incontrôlable qui l'a poussée à agir violemment. Après l'acte, c'est le regret et le remords. Souvent, il faut ramasser les «pots cassés». La culpabilité peut devenir très envahissante et maintenir l'individu dans une attitude d'indignité. Il est sain de se sentir responsable et d'éprouver un malaise après avoir commis un acte déviant, mais pour assurer la guérison, la personne doit aussi apprendre à récupérer sa dignité. Explorer ce monde inconnu au fond de l'être serait, pour la personne impliquée, similaire au travail de l'évaluateur cherchant dans la boîte noire les causes réelles de l'accident.

Il arrive que lors d'une première rencontre, exceptionnellement, l'auteur d'actes déviants parvienne à préciser l'état émotionnel vécu au moment du délit ou du comportement inapproprié: «Je me suis senti en colère», «J'ai senti en moi une forte pulsion sexuelle» ou encore: «Je me sentais tellement triste.» La grande majorité insistent sur un événement extérieur qui, il va sans dire, n'explique rien: «Telle personne m'a écœuré», «Ma sœur m'a laissé seul avec ses enfants», «Ma femme a refusé de faire l'amour»… Les récits renvoient généralement aux événements précédant le passage à l'acte. La difficulté de percer les vraies motivations est évidente.

L'histoire de Jacques peut aider à mieux intégrer ces données qui peuvent sembler déconcertantes.

Jacques, 49 ans, est accusé d'avoir touché la fille de onze ans de sa nouvelle conjointe. Un matin, il est allé dans sa chambre la réveiller pour l'école. Il dit: «Je n'avais aucune intention, j'allais seulement la brasser pour lui dire de se lever. Elle était couchée sur le dos, les bras levés, les mains croisées sous la nuque. Je ne sais pas pourquoi j'ai fixé sa petite poitrine et j'ai mis ma main sous son chandail. » La jeune se serait réveillée au même moment et c'est seulement deux semaines plus tard qu'elle en aurait parlé à sa mère.

Sa conjointe a voulu savoir si c'était vrai. Il raconte : « Je me suis senti tellement mal. J'avais peur d'être disputé et même abandonné. Je lui ai dit que ce n'était pas possible et que je respectais trop ma fille pour lui faire mal. »

Quelques semaines plus tard, le même événement se répète. Cette fois, la jeune fille est assise sur lui dans le salon, ils écoutent un film en mangeant du pop corn. « Je me suis senti envahi par une sensation forte. J'ai glissé ma main sous son t-shirt et lui ai touché les seins. » La victime retire sa main et va s'asseoir sur un autre fauteuil. Jacques dit avoir continué à regarder le film comme si rien ne s'était passé.

Dès le lendemain, l'enfant raconte l'événement à sa mère qui, cette fois, décide de confronter son conjoint. Il continue à nier en prétendant que c'était la petite qui avait pris sa main pour la placer sur ses seins. Ces dénégations ne font que retarder le processus de traitement et provoquent généralement une augmentation de l'angoisse et des conduites encore plus dysfonctionnelles. Le retard à dénoncer Jacques lui a permis de répéter ses conduites déviantes auprès d'autres jeunes innocentes. Quelques-unes ont pris plus de temps à parler et la majorité ont gardé le silence. Et le silence est l'arme privilégiée du crime sexuel.

Jacques se présente pour une évaluation légale permettant un éclairage sur l'acte délictuel, le degré de dangerosité et le potentiel de réhabilitation. Dès la première rencontre, il apparaît timide, effrayé devant la possibilité de perdre sa réputation et de mettre son entreprise en péril. Il se dit confus et incapable de comprendre ses gestes.

Dans une telle situation, on constate un écart notable entre le statut de l'homme d'affaires et son état affectif. Autant une personne peut évoluer aux plans intellectuel et professionnel, autant elle peut souffrir d'un sous-développement affectif. Il est important de rappeler que les malaises affectifs non résolus paralysent le processus de croissance affective et ouvrent la porte à un comportement dysfonctionnel. Jacques savait très bien avec son intelligence que les gestes posés étaient interdits et il pouvait en mesurer la gravité. Mais en présence de sa fille prépubère, il pouvait redevenir un garçon de 12-13 ans, anxieux et gêné devant le corps des filles.

Ces réactions de régression sont fréquentes. Un adulte agit en enfant à l'occasion d'un événement précis. Inconsciemment, il établit une connexion avec une misère non traitée. La perception d'une situation se fait en premier lieu par les sens. Un réflexe s'enclenche et une détresse, déjà enregistrée dans la mémoire moléculaire, surgit et resitue la personne à l'âge de l'épreuve primaire. L'individu aux prises avec ce réflexe de régression agit selon l'âge correspondant au traumatisme passé.

Il a généralement souffert d'inhibition sexuelle dans son enfance où il a été initié dans son jeune âge à une sexualité atypique. Le réflexe du mal-être se manifeste. Il se retrouve dans une dualité complexe : il est adulte, il sera donc jugé en adulte ; son agir lié à l'époque de l'enfant blessé ne peut être évalué selon des règles applicables à un enfant.

L'évaluateur légal a une tâche lourde de responsabilité. Son rôle n'est ni de juger ni de condamner. Il est appelé à apporter un éclairage en tenant compte de la protection des mineurs et du public en général, et à promouvoir la réhabilitation d'une personne gravement perturbée.

Cet expert doit à la fois naviguer entre des courants atypiques banalisés par la société – omniprésence de la pornographie, sexualité précoce, éducation sexuelle inadéquate – tout en considérant selon leur degré de gravité les actes délictuels condamnés par le public et le système judiciaire.

À l'époque actuelle, il serait adéquat de remettre en question des pratiques sexuelles déshumanisantes mais autorisées par les lois civiles. L'expression «entre adultes consentants» sert maintenant de base pour évaluer la valeur d'un acte. C'est ainsi que nombre de pratiques sexuelles néfastes sont laissées au choix des individus depuis les années 1990.

Dans une société où l'information sexuelle et les lignes de conduite ont été prises d'assaut par des propositions pornographiques, l'érotisme a perdu sa place et son rôle. Cette perte crée un vide que l'individu cherche à combler en consommant ce qui se présente. La pulsion érotique pousse au plaisir par la stimulation des sens. En l'absence de critères d'évaluation, la sensation de plaisir, peu importe son origine, sera prédominante. C'est ainsi que le plaisir en soi est devenu critère de santé.

Comme on l'a vu précédemment, le plaisir est indispensable à la détente et à l'équilibre du système nerveux. Il est compréhensible qu'en l'absence de balises pour différencier le plaisir humanisant du plaisir déshumanisant, cette recherche de sensations agréables prenne la direction qui est à la portée.

Je voudrais rappeler que chez l'être humain, plus l'activité et la consommation qui procurent du plaisir sont déviantes, plus la sensation de plaisir sera élevée. L'étude des interrelations dans le système cérébral apporte un éclairage sur ces phénomènes déroutants. Ainsi nous pouvons mieux comprendre l'addiction dont plusieurs se sentent prisonniers et qui les maintient dans des conduites irrationnelles, problématiques et même perverses.

Jacques savait très bien que les abus envers sa fille et d'autres jeunes étaient d'ordre criminel. Pourtant, il souhaitait le meilleur pour sa fille; il n'aurait jamais voulu qu'elle compte parmi les victimes d'inceste paternel. Que s'est-il passé dans son cerveau pour qu'il en arrive à cette chose odieuse?

L'évaluation clinique de Jacques montre bien l'emprise d'un réflexe de régression. À l'âge de six ans, il avait été victime sexuelle de sa professeure de première année. Prétendant l'aider au plan scolaire, elle lui demandait de toucher ses seins et de dire ce qu'il ressentait. Cette situation d'abus s'est répétée à quelques reprises. Comme la grande majorité des victimes, il n'en avait jamais parlé. Ses parents s'inquiétaient de son manque d'attention au moment des devoirs. Avec sa mère, il avait tendance à fixer son regard sur ses seins. Elle le corrigeait sévèrement en le traitant de petit vicieux. À l'âge de 13 ans, il avait été surpris à l'école à regarder les filles de sa classe dans le vestiaire. Il avoue avoir été fasciné par les revues montrant des femmes nues et les films pornographiques où les seins étaient en évidence.

N'ayant pas eu la chance de traiter l'abus, la fixation, l'éducation sexuelle répressive et son addiction à la consommation pornographique, il s'est classé dans la catégorie des abuseurs de jeunes filles. Professionnel compétent, apprécié dans son milieu de travail, il était pourtant compulsif, incapable de gérer ses émotions et ses conduites sexuelles.

Au lieu de consulter sur une base volontaire, il a mis toute son énergie à cacher sa détresse et ses actes déviants. C'est grâce au dévoilement de deux victimes qu'il a enfin eu l'occasion de se retrouver comme homme. Pour l'individu qui commet des abus sexuels sur des mineurs (actes pédophiliques) sans avoir la structure pédophilique, le dévoilement de la victime devient une planche de salut. J'ai souvent entendu ces propos : « Même si l'accusation est douloureuse, je ne saurais assez remercier la victime de m'avoir dénoncé. C'est grâce à ce dévoilement que j'ai pu recevoir l'aide nécessaire pour me sortir de cet enfer. » Certains révèlent que l'excitation ressentie fait autant mal à l'âme qu'elle donne de plaisir au corps.

Jacques s'est formé à l'autothérapie et, accompagné d'un intervenant MIGS, il a récupéré sa dignité et sa capacité d'être un homme sain et un bon père. L'aveu le plus douloureux a été de reconnaître qu'il avait infligé à sa fille des blessures pénibles à cicatriser.

Pendant le temps de la procédure légale, il a dû vivre chez un couple ami de ses parents qu'il connaissait depuis son enfance. Cette séparation d'avec sa famille a été ce qu'il appelle son « plus grand châtiment ». La dénonciation qui a été publiée dans les journaux, les multiples comparutions au palais de justice, la prise de conscience d'avoir posé des gestes criminels, les traumatismes de son enfance ont été des chocs qu'il a dû traiter.

Dans ces circonstances, l'intervenant est témoin de la reconstruction d'une personne qui, malgré les apparences, souffre de sa déviance. Étant donné que la très grande majorité des victimes souffrent aussi en silence, ces désastres humains demeurent cachés et non traités. Dans le domaine de l'abus sexuel et du désordre affectif, nous ne voyons que la partie émergée de l'iceberg.

Je souhaite pour ma part que les personnes aux prises avec un mal-être sournois qui les conduit à un agir destructeur aient un lieu pour dévoiler leur malheur sans être jugées ni condamnées. Les scandales créés autour des conduites déviantes, au lieu de contribuer au mieux-être individuel et collectif, favorisent le mutisme et la dissimulation. Une personne blessée profondément qui s'enfonce dans son malheur devient dangereuse pour elle-même et pour son entourage.

À l'aide du tableau 16, je rappelle que le malaise affectif engendre un état d'angoisse qui, s'il n'est pas bien traité, prend un chemin de désorganisation. Ces pratiques dysfonctionnelles offrent une sensation qui peut donner l'illusion d'un soulagement. Qu'il s'agisse de paraphilie, de consommation alcoolique compulsive, de jalousie... ce sont en définitive des façons de s'évader et de s'éloigner de son être. Ce qui préoccupe davantage, c'est la normalisation ou du moins la banalisation d'un

TABLEAU 16

Dynamique de l'expérience de l'angoisse selon le MIGS

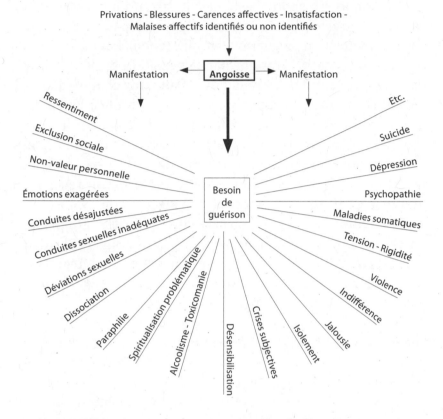

grand nombre de ces pratiques qui se multiplient. Le non-traitement de l'angoisse, que j'appelle «cancer affectif» et qui se manifeste par une forte sensation de manque de vie et d'amour, est un fléau trop souvent négligé. L'être humain est incapable de vivre avec une sensation d'angoisse. À l'occasion, des crises se produisent, entraînant des déséquilibres physiques et psychiques. Certaines manifestations ne sont pas clairement identifiées et par conséquent inadéquatement traitées.

Afin de mieux comprendre les explosions destructives et les réflexes de régression, je m'appuie sur des recherches scientifiques qui offrent à la psychothérapie une nouvelle avenue.

Selon Levine et Frederick (1997), la plupart des thérapies de trauma s'adressent à l'esprit à travers la parole. Tout en reconnaissant que ces approches peuvent être utiles, ces auteurs avancent qu'ainsi les traumatismes ne sont pas et ne seront jamais complètement guéris. Gauthier (2009), Levine (1997) et Porot (1994) soutiennent que parler ne suffit pas pour traiter des traumatismes. Ils estiment qu'il faut tenir compte du rôle essentiel joué par le corps dans le processus de guérison. Je me rallie à ces auteurs et soutiens qu'il faut comprendre le fonctionnement du corps, notamment l'élaboration des molécules de l'émotion qui ont un rôle central dans la guérison. Pour guérir un traumatisme, il faut nécessairement avoir recours à des mouvements physiques et au travail corporel.

Traditionnellement, l'approche corps-esprit était appelée alternative, puis elle fut désignée sous le nom d'approche complémentaire. Pert (1997) la nomme approche intégrative. Cette neurophysicienne apporte un éclairage important dans la compréhension de la physiologie de l'émotion.

Tout malaise affectif non résolu conduit l'être humain à s'éloigner de son centre et de son humanité. Il est naturel de se défendre contre un élément destructeur. Je trouve fondamental de rappeler qu'une personne sous l'emprise de l'angoisse ne choisit pas le chemin de désorganisation que ses malaises prennent. Le MIGS présente l'angoisse comme une émotion en quelque sorte mortelle. Ce malaise profond vient d'un mal relié au manque de ce qui est vital pour l'être humain. C'est à partir de l'expérience affective que la molécule de l'émotion se forme.

Le tableau 17 nous aide à comprendre l'expérience émotionnelle. Devant un événement, l'expérience affective se déclenche à partir d'un bien-être ou d'un malaise. Cette interprétation affective se traduit par l'élaboration d'une molécule d'information appelée ligand. Ces molécules porteuses d'un état spécifique se logent sur les cellules. Elles y pénètrent peu à peu

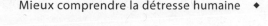

TABLEAU 17

L'expérience émotionnelle

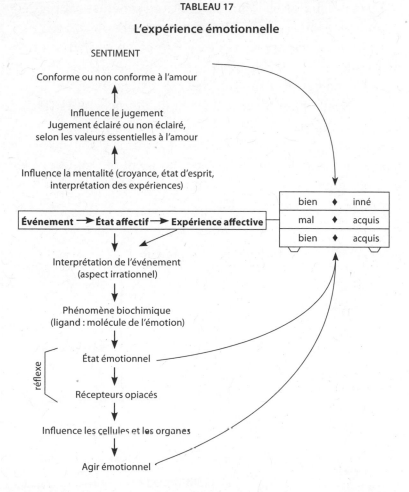

par des récepteurs qui leur sont aussi spécifiques. C'est donc en accueillant l'émotion, en ressentant les malaises enregistrés dans le corps, qu'une personne peut avoir accès aux détresses qui l'envahissent. Ce mal-être psycho-corporel peut trouver son origine dès le début de notre histoire personnelle. Cette interprétation qui vient de l'expérience affective gratifiante ou douloureuse influence la pensée, d'où l'élaboration de sentiments d'amour ou de haine, de sentiments, en somme, favorables ou défavorables à notre bien-être.

Les tableaux 18 et 19 présentent une schématisation de ce phénomène longuement développé par Pert (1997).

La première composante des ME (molécules d'émotion) est une molécule dite L (ligand).

Le ligand s'attache au RO (récepteur opiacé).

Une cellule peut avoir des millions de récepteurs (RO) de différents types.

Essentiellement les RO agissent comme « senseurs », au même titre que les sens. Ils reconnaissent le ligand qui leur est spécifique. Ils sont comme des trous de serrures par où le ligand pénètre dans la cellule.

TABLEAU 18

ME (molécules de l'émotion)

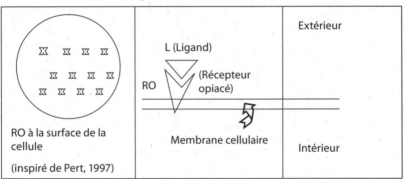

TABLEAU 19

Réaction émotionnelle

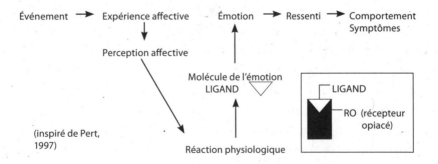

Quand le RO reçoit la bonne «clé» chimique qu'on appelle ligand (L), le RO se fixe à la membrane de la cellule et il y reste tant que le ligand demeure fixé au RO.

Les RO sans *ligand* se promènent à la surface de la cellule. Ils diffusent l'information dans le liquide extracellulaire qui fait le système immunitaire.

Dès que le L (*ligand*) se fixe au récepteur (RO), l'information chimique qui traverse ainsi de l'extérieur vers l'intérieur modifie l'état de la cellule. Ce changement dépend de la nature du RO et du *ligand* spécifique.

Le processus du lien entre le RO et le *ligand* est très spécifique en raison de la spécificité du RO et du *ligand*. Quand le *ligand* néfaste reste bloqué au RO, il continue à diffuser de façon constante la même information → problèmes physiques.

Afin de faciliter la compréhension des tableaux 18 et 19 qui représentent la biophysiologie de l'émotion, je relève des citations qui résument bien les notions de Pert (1997).

Citations de Candace B. Pert (traduites par Gérard Bachand, B. Sc. maître MIGS)

«Le corps est la pensée inconsciente.» Les traumatismes réprimés, causés par une émotion envahissante, peuvent être emmagasinés dans une partie du corps et, par après, affecter la capacité de sentir ou même de bouger cette partie. (p. 141)

Nous pouvons dire que le corps traduit l'état inconscient. La partie arrière de la moelle épinière porte une haute concentration de peptides, là où l'information somatosensorielle est traitée. (p. 141)

Le changement biochimique inscrit au niveau du RO est la base moléculaire de la mémoire corporelle. (p. 143)

La mémoire est non seulement stockée dans le cerveau mais dans un réseau psychosomatique s'étendant à tout le corps, particulièrement dans les RO entre les nerfs et les ganglions. (p. 143)

L'émotion est l'équivalent d'une drogue, les deux agissant comme ligands qui attachent les RO dans le corps, ce qui signifie que les expériences émotionnelles négatives sont plus facilement rappelées quand nous sommes de mauvaise humeur. (p. 144)

Heureusement, les RO ne sont pas statiques et ceci veut dire que même si nous sommes émotionnellement bloqués, fixés sur une version de la réalité qui ne nous sert pas bien, il y a toujours un potentiel biochimique pour changer et croître. (p. 146)

Cela ne veut pas dire que l'inconscient doit toujours être amené à la conscience dans toutes les thérapies à succès. En fait, la pensée inconsciente du corps semble toute-puissante et dans certaines thérapies, elle peut être mobilisée pour guérir ou changer sans que la pensée consciente ne s'aperçoive de quoi que ce soit. (p. 147)

La théorie de la bioénergie dit que les émotions sont emprisonnées dans le corps physique et ne peuvent être libérées que physiquement, à travers des mouvements accompagnés par des expressions fortes et émotives. (p. 165)

Mon atout magique fut la respiration, une extraordinaire stratégie prouvée: relâcher les endorphines et calmer la douleur. (p. 167)

Ce qui rend ce modèle si différent, c'est qu'il peut expliquer comment il est possible à notre pensée consciente d'entrer dans le réseau et de jouer une part de façon délibérée. (p. 186)

La respiration consciente peut changer la quantité et la sorte de peptides qui sont libérés par le cerveau. Et vice versa! (p. 186)

Nous devons considérer les émotions comme des phénomènes cellulaires impliqués dans le processus de transcription de l'information en réalité physique, littéralement de transformation de la pensée en matière. (p. 189)

Pour se libérer de malaises répétitifs ou persistants, il faut donc impliquer le corps. Le MIGS clinique tire son efficacité par la proposition d'une série d'exercices qui favorisent la digestion (l'élimination) des molécules néfastes et incompatibles avec l'être humain et par l'introduction de ligands favorables à la santé globale.

Parmi les manifestations d'angoisse, certaines conduites atypiques sont stigmatisées. La pédophilie, une déviance sexuelle complexe et largement condamnée, mérite d'être mieux connue et prévenue. Chaque cas présente des traits particuliers. L'individu qui commet ces actes criminels n'est pas en soi un criminel. Il faut bien évaluer le développement psychosexuel de chacun. De plus, il est primordial de considérer le sens que cette personne, trop facilement étiquetée comme pédophile, donne à sa vie, à sa sexualité et à son délit.

Devant un acte déviant, chaque individu a son histoire et son expérience affective. Les uns peuvent souffrir d'une structure mentale déviante qu'ils n'ont bien sûr pas choisie. D'autres, sous l'effet d'un malaise profond qu'ils n'ont pas appris à gérer, en arrivent de façon réflexe et même compulsive à s'exciter avec un mineur qui devient leur victime. Ces auteurs d'actes dysfonctionnels regrettent leur geste et ils sont nombreux à désirer un traitement leur permettant de se rétablir psychiquement. Malheureusement, la honte, la piètre estime d'eux-mêmes et la peur d'être abandonnés les amènent à cacher ces situations traumatisantes pour eux et leur victime.

Ces actes dits ponctuels (commis sous l'effet d'un état de détresse ou d'angoisse) sont répétés et lourds de conséquences. Si le dévoilement ne se fait pas, l'auteur en détresse n'aura généralement pas l'occasion de recevoir l'aide dont il a grandement besoin. Je rappelle qu'il est fréquent de rencontrer chez ces individus de la gratitude envers la victime qui a eu le courage de mettre au grand jour ce qui demeure trop souvent caché. C'est grâce à ce dévoilement qu'ils reçoivent l'aide appropriée.

La personne qui adopte un agir compulsif n'est pas bien avec elle-même. Elle n'arrive à contrôler adéquatement ni ses malaises ni ses besoins. La dimension érotique (sensuelle) prend le dessus et la composante spirituelle-cognitive, dans son aspect cognitif, sert alors à justifier l'injustifiable. Autant la pulsion invite à aimer et à créer, autant la compulsion empêche la réalisation de soi. Toute attitude compulsive mérite d'être sérieusement examinée. Quelle qu'elle soit, la consommation compulsive est la manifestation d'un malaise. Un comportement, même socialement acceptable, n'est jamais adéquat s'il est motivé par un penchant irrésistible. Il serait gauche de comparer l'acte pédophilique au magasinage compulsif, mais il reste que la dynamique de fond peut s'apparenter. La personne ne choisit pas le chemin que peut prendre son angoisse, mais elle doit se responsabiliser et chercher une solution à ses désordres affectifs.

Sachons bien distinguer le vrai pédophile (le structurel) de la personne qui commet des actes pédophiliques. Tout comme il importe de différencier le vrai alcoolique (aux prises avec la structure alcoolique) d'un individu qui consomme de l'alcool de façon excessive. Ces derniers sont nombreux dans notre société. Souvent joviaux sous l'effet de l'alcool, ils peuvent être d'agréable compagnie; il n'empêche qu'il s'agit là d'un comportement dysfonctionnel.

Pour contribuer à bâtir un monde harmonieux, il faut un jugement capable de nuances et orienté vers les valeurs affectives – la vérité, le respect, la liberté et la fidélité. Accueillir une personne en détresse, c'est l'aider à renouer avec l'espoir. Si ce chapitre peut ouvrir à la compassion, à l'altérité, à l'amour de soi et d'autrui, ce livre aura eu sa raison d'être.

6. Mieux comprendre la victime sexuelle

Toute personne peut devenir la proie d'un individu aux prises avec un désordre affectif grave. Si la victime est elle-même porteuse de manques et de souffrances, elle se révélera une proie silencieuse et facile à manipuler. Ce pouvoir que l'auteur d'abus a sur elle devient le nœud de sa détresse. Sa souffrance envahit son corps et son âme. Elle se sent impuissante, ne sachant pas à qui faire appel.

La crainte que la victime éprouve d'être elle-même jugée paralyse son agir. Souffrir en silence ou avoir du plaisir en étant victime sont généralement les deux voies possibles.

En l'absence de traitement adéquat, elle portera, souvent durant des années ou une vie entière, ce terrible fardeau, dont le poids sera cause de dysfonctionnements. Le peu d'estime d'elle-même, l'inhibition de sa saine agressivité, les tendances à établir des relations fusionnelles, la soumission et la dynamique de dépendance, l'incapacité de vivre des relations vivifiantes et gratifiantes aux plans physique et affectif, des habitudes de consommation compulsive, la crainte constante d'être seule et abandonnée, l'incapacité de revendiquer ses droits, l'inhabileté à manifester ses besoins… la liste des dommages peut être longue. La personnalité, la capacité de résilience, la sensibilité affective, le milieu de vie sont aussi des facteurs pouvant renforcer ou affaiblir la capacité de poursuivre sa route avec dignité et assurance. Cette démarche sera plus complexe si, tout en étant victime, la personne ressent du plaisir. Nous savons que la stimulation d'une zone érogène du corps peut enclencher un réflexe de sensation agréable qui n'est ni désirée ni recherchée.

Il est difficile pour une victime d'admettre qu'elle a eu du plaisir dans son grand désarroi. Cet élément est généralement maintenu secret, par crainte de la réprobation. Elle se sentira coupable et même impliquée dans l'événement. Le plaisir ressenti ajoute une complexité dans le traitement de la personne victime d'abus et d'agression sexuelle. Cela réclame une compétence spécifique de la part de l'intervenant.

Le MIGS propose des techniques de désensibilisation au plaisir pernicieux, à la « pornographisation » du cerveau, à des compulsions qui empêchent la personne d'être libre et d'agir en conformité avec son « JE SUIS ». Cette méthode clinique requiert de la part de l'intervenant une habileté, une sensibilité, une grande sécurité intérieure. Ces conditions sont essentielles pour la bonne marche thérapeutique, mais aussi pour prévenir la fatigue, la sensation d'incompétence et la détresse spécifique au thérapeute. Le meilleur outil thérapeutique demeure la compétence de la personne qui accompagne et l'implication de la personne accompagnée.

L'histoire de Tania nous aidera à mieux comprendre la complexité de telles situations. Victime sexuelle de son père dès son enfance jusqu'à l'âge de 38 ans, Tania consulte après avoir atteint ses 39 ans. À l'âge de vingt-trois ans, elle décrochait une maîtrise en sciences sociales ; elle n'a jamais eu de soucis financiers, son père subvenait à ses besoins. Homme d'affaires compétent, il pouvait offrir à sa famille l'aisance matérielle.

Tania se dit mêlée et confuse. Après une année de congé sans solde qui lui a permis de voyager dans des pays de rêve, elle éprouve depuis son retour une vague anxiété. Sa résidence est attenante à celle de ses parents, qu'elle visite régulièrement. Son père a l'habitude d'aller chez elle pour lui tenir compagnie le soir ou pour le petit déjeuner le matin.

Dès la première rencontre, au moment de recueillir de l'information sur sa situation familiale, elle tombe dans un piège couramment observé chez les victimes sexuelles. Avant même d'aborder la question de ses liens avec ses parents, elle déclare : « Une chose est certaine, j'ai les meilleurs parents du monde. Mon père est un excellent père, c'est mon idole, mon dieu. Je lui dois tout ce que je suis. Je rends grâce à la vie de m'avoir donné un si bon père. »

Déjà, sans en être consciente, elle venait de dévoiler une misère insoupçonnée. Elle décrivait sa mère comme une femme humble, attentive aux besoins de ses deux enfants (elle et son frère aîné). Elle dit avoir grandi dans un milieu calme, sa mère aimait jouer des pièces classiques au piano.

Comme elle entretenait cette illusion de famille parfaite depuis des années, il ne fallait surtout pas faire s'écrouler le château de cartes dès le début. Cette attaque à une forteresse irréelle ne pouvait que renforcer les mécanismes de défense et risquait de compromettre le processus thérapeutique.

La sensibilité et la compétence de l'intervenant sont fondamentales pour mener à bien une démarche thérapeutique du genre. Si l'accompagnateur n'arrive pas à faire la lecture de la réalité, il pourrait ne jamais dépister la « tumeur » affective. Dans ce cas, l'appui thérapeutique pourrait être très long, voire interminable, et peu efficace.

Durant les neuf premières rencontres, j'ai dû m'armer de patience pour respecter le rythme de Tania. L'intervention ne peut pas devancer l'évolution de la personne accompagnée. Certaines n'arrivent pas à entrer dans l'authenticité de leur détresse, condition nécessaire pour mettre à jour le traumatisme et le guérir. Elles s'enlisent dans la croyance d'avoir été aimées et choyées. Une telle situation peut devenir lourde et même déstabilisante. Il faut savoir suivre le rythme de la personne aidée tout en l'accompagnant vers un mieux-être. La stagnation et l'acharnement thérapeutique sont deux écueils à éviter dans ce processus.

Étant assidue aux exercices et intéressée à devenir sa propre thérapeute, Tania a pu atteindre la destination souhaitée. Ce fut une route pénible et longue. Pour ce travail de récupération de sa dignité et de son potentiel affectif, il aura fallu quarante-sept rencontres. Tania a eu le courage de se relever.

Afin de répondre à la question : « Comment cela se fait-il ? » je présente les étapes et les points à considérer. Il va sans dire que l'accompagnement thérapeutique ne se réduit pas à l'application de techniques, si simples qu'elles puissent paraître. C'est un art qui suppose bien-être, connaissances, habileté, compétence et capacité d'adaptation. Avant de présenter ces notions, je crois opportun de rappeler au lecteur que les aspects cliniques sont pour des intervenants compétents, formés à la méthode MIGS.

Je résume la démarche en quatre étapes fondamentales.

6.1. Faire le deuil d'un plaisir malsain

Il faut surveiller les fausses croyances : « J'ai eu du plaisir, donc c'est bon. » « Il ne s'agit pas d'abus ; c'est de l'amour puisqu'il y a du plaisir. » De telles croyances entraînent une confusion inextricable.

Dans le cerveau, la sensation de l'abus s'enregistre dans le système limbique, mais c'est au niveau diencéphalique que le plaisir est ressenti. Le cortex et le diencéphale enclenchent alors un mécanisme de défense : s'il y a du plaisir, ça me fait du bien. La vérité loge cependant dans le système limbique, cerveau de l'affect, et c'est en atteignant ce niveau que la personne blessée en arrivera à se libérer d'illusions coûteuses qui font obstacle à sa guérison.

6.2. Enclencher le travail

Par où faut-il commencer ? Amener la personne à sentir où est la vérité, à écouter le ressenti affectif. Au départ, il y a un conflit : le cortex et le diencéphale disent que c'est bon, mais le système limbique sait que c'est dommageable. Si le cortex et le diencéphale parlent plus fort, l'accès au message transmis par le système limbique est bloqué.

Tant et aussi longtemps qu'une victime d'abus n'arrive pas à croire véritablement que ce plaisir est malsain et que cet amour est nocif, elle ne s'en sortira pas. Les exercices d'autothérapie sont déterminants pour la progression de la démarche.

6.3. Avoir mal d'avoir été victime

Comment amener la personne à avoir mal, puisqu'on lui a fait croire que le poison qu'elle absorbait était bon ?

Il faut qu'elle arrive à ressentir que c'est une affreuse tricherie dont elle a souffert, une tromperie. C'est cruel et ce n'est pas simple. Car la manipulation a été menée de main de maître. L'abuseur touche la sensibilité de sa victime dans son besoin d'amour et il ne lui permet pas d'écouter l'affect qui recèle la vérité de l'expérience. La victime soumise à un plaisir déviant souffre davantage si l'abuseur a un rôle d'autorité avec mission de guider et de protéger.

Il faut ramener la personne à la réalité, car c'est à partir de la vérité qu'elle pourra s'en sortir. Elle aura à sentir l'angoisse et le désarroi inconsciemment subis durant les abus et qui demeurent actifs à chaque instant de sa vie.

Comme intervenant, il est important de comprendre la force d'un lien d'attachement qui se noue dans la violence et dans l'abus. C'est là qu'il faut rétablir la vérité : « Ce que tu as vécu, ça t'a donné du plaisir, mais ce n'était pas de l'amour. Tu as été victime d'un crime. » Ce qui facilite cette prise de conscience, ce sont les mouvements bilatéraux pour ouvrir les circuits ; faire un lien entre le cortex, le système limbique et le diencéphale. La technique appliquée empêche de dramatiser et réactive les ressources personnelles. Les mouvements qui permettent l'activation des hémisphères du cerveau calment le cortex et donnent accès aux informations contenues dans le système limbique.

Il faut poser des questions – « Qu'est-ce qu'on a tué en toi ? » – et mettre en route le traitement, c'est-à-dire les mouvements et les respirations thérapeutiques. Ce sont là des techniques qui, bien utilisées, peuvent dissiper les fausses croyances et favoriser la récupération de l'être.

6.4. Libérer « l'être-victime » pour développer « l'être-libre »

L'arbre thérapeutique présenté au tableau 20 est un merveilleux outil pour former à l'autothérapie et pour accompagner une personne voulant s'engager dans un processus thérapeutique.

Chaque partie de l'arbre est indispensable et mérite une attention particulière.

Dans le prochain chapitre, je présente le fruit d'interventions cliniques contribuant à une démarche favorable à la résolution d'un deuil. Le modèle de l'arbre nous servira de guide dans ce processus d'autoguérison.

TABLEAU 20

L'arbre thérapeutique

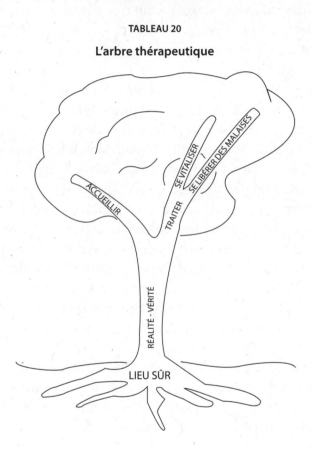

CHAPITRE 4

Une démarche de mieux-être
à la suite d'un deuil

Le MIGS est un modèle intégral élaboré spécifiquement pour le traitement de traumatismes, de deuils et d'angoisses. Peu importe la difficulté ou l'épreuve, elles ont un point en commun : un deuil à faire. Un état de malaise envahit toute la personne et compromet à la fois le bien-être corporel, affectif et spirituel.

Pour bien traiter un deuil, il est important de connaître ses composantes. Un jour ou l'autre, chacun doit affronter quelque événement douloureux et irréversible. Perdre un proche est un malheur, mais cela fait partie de l'existence, c'est une réalité. Rappelons aussi qu'il y a différents deuils : perte d'emploi, séparation, maladie, déménagement, perte d'un animal de compagnie... Un deuil engendre un état de détresse et, malheureusement, peu de gens ont appris à gérer cette détresse. L'habitude est de « ravaler » au lieu d'accueillir – la peine, la colère, la culpabilité – ou de s'enliser dans la victimisation. Il est essentiel de traiter les états émotionnels inhérents à toute perte importante.

Dans un deuil, les trois parties de l'être sont affectées : le corps (l'érotisme) ; l'affectif (l'âme) ; le spirituel (le cognitif). Un choix s'impose alors : s'effondrer ou donner du sens à sa souffrance et en faire une occasion de croissance. Dans cet apprentissage, la première à en profiter sera la personne éprouvée, puis les autres autour d'elle.

Aucun des trois plans ne doit être négligé : le corps et les sens doivent être guéris et vivifiés. L'affectif doit se libérer des sensations et émotions négatives. Le spirituel doit apporter de la lumière et orienter les choix. Le modèle de l'arbre (tableau 20) permet de guider la démarche.

1. Le lieu sûr

L'épreuve survenant bien souvent de façon inattendue, il est indispensable d'être prêt. Subir le malheur sans lutter empêche de récupérer les éléments d'apprentissage et de croissance que tout événement douloureux recèle. L'attitude de « vainqueur » devant une perte, un échec, une erreur... permet d'accueillir la réalité et de la traiter de façon constructive. Nous n'avons pu l'éviter, mieux vaut en profiter pour construire. L'expérience d'une force intérieure indestructible devient primordiale.

Cette force, qu'on l'appelle Vie, Lumière, Amour... est une réalité invisible que tout être humain expérimente à un moment ou l'autre de son existence. Dans les temps d'abondance ou de contentement, cette rencontre avec le « JE SUIS » se fait naturellement. On éprouve dans ces moments que l'être humain est fait pour le bonheur, l'harmonie, la joie, la paix...

Dans le quotidien, chacun a besoin de se motiver et d'apprendre à ressentir la satisfaction du travail accompli. Quand vient l'épreuve, le recours à une force assurée, à une source de croissance, est essentiel. Ce puits d'amour et de vie au plus profond de l'être est souvent sous-exploité. C'est par un temps quotidien d'arrêt, d'intériorité, d'écoute intime qu'une personne développe l'habileté à activer cette ressource qui permet de se tenir debout et de croître, dans l'adversité comme aux jours heureux.

2. La vérité : sortir de la négation

Le premier réflexe lorsque se produit un événement pénible ou anxiogène est de nier l'évidence. Ce mécanisme de défense permet au cerveau de se préparer à faire face à la réalité. Le choc étant perçu comme trop intense, le cerveau se défend. Comme pour un système électrique, un fusible peut sauter. Le cortex (cerveau cognitif) n'enregistre pas l'information reçue. Pour entrer dans la vérité, les ressources intérieures doivent être activées. Quelle que soit la cruauté de l'épreuve, elle doit être accueillie pour avancer dans le processus du deuil qui, redisons-le, doit être une occasion de croissance et non d'effondrement.

L'accueil de cette réalité conduit à vivre les émotions inhérentes à toute perte. Le ressenti émotionnel engendre un état d'anxiété ; la tristesse, la colère et même la culpabilité font surface. Il ne faut pas s'enliser dans les « j'aurais donc dû », « peut-être que si j'avais… ». C'est en faisant face à l'incontournable réalité et en accueillant les émotions ressenties que l'on peut donner du sens à l'événement douloureux.

3. Le traitement

Le traitement des émotions fait appel au mouvement et à la respiration. Ces exercices thérapeutiques doivent être pratiqués le plus tôt possible. Le sentiment de culpabilité est souvent puissant et très destructeur. C'est peut-être l'étape la plus difficile à traverser. La culpabilité peut se confondre avec la peine et la colère et empêcher celles-ci d'être traitées. Lors d'un deuil, le diaphragme réagit aux réflexes émotionnels et a tendance à se bloquer. Une respiration thérapeutique permet l'activation nécessaire au traitement du deuil. Le mouvement respiratoire implique les muscles abdominaux, sa pratique permet d'éliminer ce qui fait mal et de se revivifier. Retenir une colère et une peine empêche de vivre le processus.

Lorsqu'on est en deuil, les papiers mouchoirs sont utiles et même le geste de les jeter à la poubelle a son utilité.

Cette étape de traitement émotionnel se fait en respectant les trois lois thérapeutiques présentées au chapitre 2 : ne pas s'infliger de blessures physiques ni psychiques, ne pas faire de mal à d'autres et ne rien détruire autour de soi.

Dans le traitement des émotions, chaque état se vit distinctement. Parfois la personne endeuillée exprime en même temps la colère et la peine. Dans ce cas, il est recommandé de traiter d'abord l'une adéquatement et jusqu'au bout, puis l'autre.

La colère se manifeste souvent contre l'Être suprême à qui l'on attribue tous les pouvoirs. Les bons principes et la bonne éducation ne doivent pas empêcher l'expression de cette émotion. Le malaise est exprimé tel quel et le travail respecte la sensibilité viscérale. À l'aide d'outils thérapeutiques, tout ressenti doit être manifesté. Une tristesse et une colère refoulées, non traitées, peuvent mener à la violence ou à la dépression.

Accompagner une personne en détresse est un art. Il faut être assez libre pour la laisser exprimer ses émotions, telles qu'elle les ressent, en respectant les lois thérapeutiques. Il ne s'agit pas de la consoler, mais de l'accompagner vers une résolution du deuil. Les embrassades braillardes et étouffantes, loin d'être soutenantes, ne font qu'enfoncer la personne dans son malheur.

Alexis, 18 ans, vient de perdre son meilleur ami, Stéphane, mort dans un accident d'auto. C'est son frère qui lui a téléphoné à son lieu de travail pour lui apprendre la terrible nouvelle. Durant la conversation téléphonique, il est demeuré calme. Un réflexe de négation a protégé son système nerveux.

Après quelque temps, il repense à l'appel reçu et veut reparler à son frère. Mais au moment de composer le numéro, les paroles prononcées par son frère lui reviennent à la mémoire. Il se met à trembler. Ses cris déchirants alertent ses compagnons de travail. Incapable d'exprimer ce qui lui arrive, il est conduit à l'hôpital. Il crie sans arrêt : « Non ! Non ! Je veux mourir avec lui ! » Confié aux soins hospitaliers, il est calmé avec la méthode d'usage et s'endort dans sa tribulation. Lorsqu'on le ramène à la maison, il refuse de manger, les yeux fixes, l'air triste et sans vie. Ses parents se sentent impuissants et ne peuvent qu'espérer que le temps arrange les choses.

Le matin des funérailles, les proches sont réunis autour de l'urne contenant les restes de son ami ; il entre dans ce lieu funèbre pour un dernier adieu. La lumière est tamisée, aucune fenêtre ne permet de regarder vers l'horizon. Les membres de la famille sont en larmes, plongés dans leur affliction. Les amis s'enlacent et pleurent.

Dans un climat aussi étouffant, un être humain ne peut traverser son épreuve. Alexis manque d'air, il est englouti dans la peine, son diaphragme se contracte, les autres le soutiennent par le bras, le font asseoir…

Devant ce spectacle désolant, je choisis de briser les conventions. Je m'approche d'Alexis, que je connaissais. Il a toujours le regard fixe et le souffle court typique d'un agonisant. Il est avec d'autres amis, tous dans le même état. Je les invite à sortir par la porte arrière. Ils me suivent docilement. Je les initie aux exercices thérapeutiques. Au début, ils sont hésitants. Je m'exécute devant eux. Je bouge l'abdomen, je respire à pleins poumons et je fais des mouvements impliquant la bilatéralité. Ne sachant trop comment réagir, ils étaient comme emprisonnés dans leur torpeur, mais inconsciemment désireux de vivre. Alexis entraîne ses amis et ils m'accompagnent dans ce traitement inhabituel dans les circonstances. Je leur explique l'importance de traiter les deuils.

L'amitié ne conduit pas à la mort, mais bien à la vie. Ces jeunes hommes réussissent à se retrouver « vivants », capables d'affronter l'épreuve. Après quarante minutes, ils demandent à retourner à l'intérieur. « Nous devons accompagner

Stéphane (l'ami défunt).» Alexis ne peut pas supporter cette ambiance mortuaire. Il étouffe et se sent étourdi. Il signale à ses amis son besoin de sortir. Je les accompagne à nouveau. J'échange avec eux sur le sens de la vie, de la mort, de leur lieu sûr, de leurs défis dans l'avenir... Ils en arrivent à comprendre que la meilleure façon d'accompagner leur ami est de vivre et de découvrir une nouvelle façon d'être en contact avec lui. Ils choisissent de passer le reste de la matinée à marcher dans un sentier au bord d'une rivière.

Nous nous donnons rendez-vous dans l'après-midi pour la célébration des funérailles. Lors de la cérémonie, ils livrent un témoignage plein d'ardeur et chantent, en s'accompagnant à la guitare, leur propre composition en l'honneur de Stéphane et de la vie qui vibre dans chaque être humain.

L'être humain est bien fait. Il s'agit de le laisser agir en accord avec ses trois dimensions, sans sauter d'étape. L'érotisme porte l'émotion et la douleur physique, l'affectif est blessé dans l'amour, le spirituel est envahi par la perte de sens. En impliquant adéquatement les trois niveaux, un deuil peut se vivre dans une limite de temps bénéfique pour la personne éprouvée.

Le traitement du malaise qui se traduit émotionnellement se fait avec la branche maîtresse de l'arbre, pour expulser la peine en expirant et, simultanément, se revitaliser en inspirant. Les cellules du corps humain ont besoin de se débarrasser des ligands – molécules de l'émotion – destructeurs et de se ravitailler en ligands favorables au bien-être.

Cette étape du deuil exige un choix et une implication. La prolongation inutile d'un état de deuil ne fait que fragiliser une personne et l'empêche de croître et de bien vivre sa réalité actuelle. Quand l'étape du traitement émotionnel est bien vécue, les autres étapes s'enchaînent naturellement.

4. L'intégration

Cette phase permet d'expérimenter le pardon nécessaire au traitement d'un deuil. Cette expérience n'a rien d'un «enrobage» spirituel pour masquer la souffrance; c'est en fait le résultat d'une libération émotionnelle. Les trois dimensions de la personne s'unissent et s'harmonisent. Cette étape s'accomplit suivant une démarche progressive : au lieu de demeurer dans la négation qui incite à la dissociation, à la disharmonie, l'invitation est d'accueillir la réalité et les émotions qui l'accompagnent. Il s'agit de transformer le sentiment de culpabilité en responsabilité, la tristesse en espérance et la colère en libération, autrement dit de progresser dans la récupération de son bien-être. Les systèmes biophysiologiques fonctionnent sainement. La reconnaissance de sa valeur personnelle conduit à une pacification. Le choix de poursuivre son accomplissement ouvre à une mission nouvelle.

Le traitement d'un deuil en profondeur suppose des outils adaptés à la structure et au fonctionnement humain. Demeurer dans le chagrin par fidélité à la personne disparue peut sembler une attitude vertueuse, elle n'en est pas moins inhumaine. En effet, on peut ainsi se désensibiliser à la souffrance. C'est une défense inconsciente pour se protéger et survivre à des deuils. L'accumulation de douleurs non traitées conduit imperceptiblement à une perte de la sensibilité. Mais une détresse non ressentie infecte quand même l'ensemble des composantes humaines.

Habiliter l'être humain à traiter ses malaises et ses deuils est indispensable pour bien vivre sur terre. L'utilisation des techniques thérapeutiques immédiatement après l'épreuve assure une plus grande efficacité en peu de temps. Traiter un deuil dans les quarante-huit heures qui suivent l'événement est un gage de réussite du processus. Plus le temps passe, plus la détresse s'inscrit dans le corps et dans l'âme. Il reste qu'il n'est jamais trop tard pour se libérer d'une contrainte ou d'une affliction. Chaque personne a son rythme et sa façon de s'investir dans le traitement de ses traumatismes psychiques. Pour les uns, l'autothérapie est davantage naturelle, pour d'autres, cela demande un plus grand investissement.

Le fonctionnement du cerveau humain permet les réalisations les plus sophistiquées. Les centres cérébraux constituent en quelque sorte une centrale hyperspécialisée et ils donnent d'excellents résultats quand ils sont bien organisés et programmés. Étant donné que l'être humain fonctionne aux trois niveaux, le travail se fera donc en tenant compte des trois aspects. La tendance à résoudre un deuil par la seule pensée ne conduit pas à une résolution efficace. Le deuil étant principalement composé d'un malaise affectif qui se traduit dans le corps doit être traité en conséquence.

On ne peut passer sous silence le sentiment de solitude présent dans toute expérience douloureuse. La tentation est forte de s'isoler et de se refermer sur soi. Une activité plaisante, bienfaisante, doit être volontairement réalisée, minimisant ainsi les risques de complications. Chacun devrait posséder une liste de choses à faire en cas de détresse : écouter ou jouer de la musique, pratiquer un sport, planifier une sortie agréable, marcher dans un lieu qui stimule les sens (un paysage attrayant, la sensation du soleil et du vent, le chant des oiseaux, des odeurs subtiles…) En état de deuil, on a besoin de s'entourer de personnes discrètes, respectueuses, gentilles. Partager un repas en bonne compagnie est très réconfortant.

Il y a des deuils plus difficiles à traiter que d'autres. Le suicide d'un être cher est particulièrement douloureux. On cherche en vain à comprendre les causes d'un tel drame. Permettre à la personne suicidée de partir avec son mystère demeure une attitude aidante. Il faut aussi savoir que l'individu qui met fin à son existence ne choisit pas de mourir mais d'en finir avec une souffrance, avec un mal intolérable qui le laisse totalement impuissant.

TABLEAU 21

L'échec d'un deuil

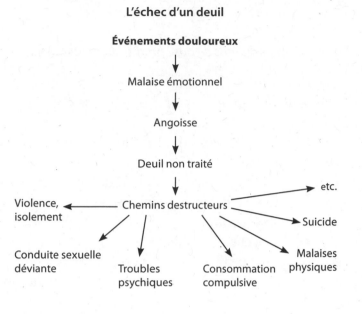

L'accumulation de souffrances peut conduire à une désorganisation compulsive. Le tableau 21 représente ces conduites involontaires et dysfonctionnelles.

Il est effectivement désastreux que l'être humain, dans sa condition terrestre, ne sache pas traiter adéquatement ce qui l'empêche d'agir conformément à sa nature profonde. Il n'y a pas d'âge pour se délivrer de ce qui fait mal.

Toute personne est appelée à devenir «croyante» et «pratiquante». Croire qu'elle a tout ce qu'il faut pour faire face à la réalité de son histoire et se régénérer; le mettre en pratique en activant son potentiel et en actualisant en elle et autour d'elle le triomphe de la vie et de l'amour. Renoncer aux bénéfices secondaires qu'apporte la souffrance signifie devenir adulte et se responsabiliser quant à son bien-être. Renoncer à être victime implique d'arrêter de consommer les attentions et la sympathie reçues du milieu. Un pas décisif est à franchir:

dire oui à l'état adulte. Ce passage peut faire peur, mais il est rempli de promesses.

Quelques exemples d'outils de base pour traiter ses malaises

1. *la respiration thérapeutique*
- bouger le diaphragme et assurer une bonne oxygénation de l'organisme
- inspirer la paix – le bien-être, l'amour, la joie de vivre – en gonflant l'abdomen
- expirer lentement la peine – l'inquiétude, la colère, la culpabilité, la douleur, la détresse – en rentrant l'abdomen

2. *la marche thérapeutique*
- retrouver la marche naturelle
- fixer son regard sur l'horizon et non par terre
- associer le mouvement bilatéral au mouvement naturel de la marche

3. *le papillon*
- bras croisés en tapant doucement en alternance sur les bras ou les épaules

4. *le tapping*
- légères stimulations bilatérales avec les mains

5. *les pensées*
- expirer les pensées négatives et culpabilisantes
- inspirer des intentions vivifiantes

6. *le plaisir des sens*
- massage thérapeutique
- promenade en forêt ou au bord de l'eau
- écoute de musique agréable et apaisante
- consommation d'aliments reconstituants et réconfortants

7. *la consultation au besoin*
- se rappeler que l'être humain, comme tout être vivant, a la capacité de s'autoguérir

- une consultation avec un intervenant connaisseur peut aider à orienter son travail d'autothérapie

L'être humain, je le rappelle, a une dimension spirituelle qu'il doit développer. Cet aspect est fondamental pour protéger et entretenir cette force qui permet de surmonter l'épreuve. Une personne submergée par l'angoisse aura de la difficulté à recourir à cette force vive, non contaminée par le mal. La détresse retenue donne la sensation que les circuits permettant l'accès à cette source intérieure sont fermés. Le traitement devient donc le choix privilégié pour rétablir l'unité et la cohérence.

Devant un deuil, il y a deux chemins possibles :

- se laisser abattre
- s'engager dans un chemin de guérison et de croissance

Le premier choix mène à une sensation de vide tandis que le second ouvre la voie à un mieux-être.

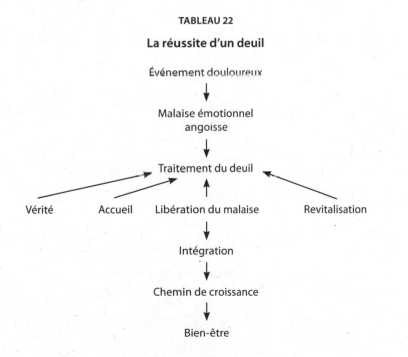

TABLEAU 22

La réussite d'un deuil

Le tableau 22 permet de visualiser le processus d'un traitement efficace. Le chapitre se termine par une synthèse de l'ensemble de la démarche visant à se rétablir d'un deuil et à lui donner du sens.

Il faut savoir reconnaître les éléments anxiogènes, les facteurs risquant d'accroître le malaise, et les résoudre. Par ailleurs, chercher à identifier des coupables enlise dans le découragement et ne fait que retarder la résolution.

Il importe aussi de se tenir prêt, ce qui ne veut pas dire être constamment sur le qui-vive, mais se sentir en sécurité et garder la lampe allumée.

TABLEAU 23

Faire son deuil

RAPPEL DES ÉTAPES IMPORTANTES DU PROCESSUS
MODÈLE DE L'ARBRE

LE LIEU SÛR
Assurer constamment l'atteinte de ce lieu sûr en soi

LA VÉRITÉ
Accueillir la réalité et les émotions qui l'accompagnent
Négation ➜ dire oui à la réalité pour éviter la dissociation

LE TRAITEMENT
Culpabilité ➜ ouvrir l'horizon au lieu de se condamner
Tristesse ➜ entrer dans l'espérance au lieu de sombrer dans la dépression
Colère ➜ libérer le ressenti au lieu de se laisser envahir par la violence

Quelques moyens simples pouvant être utilisés :
- se nourrir adéquatement
- marcher beaucoup, faire bouger son corps, assurer des mouvements de bilatéralité
- pratiquer des exercices de respiration
- se reposer suffisamment
- se trouver une personne de confiance avec qui parler
- savoir demander de l'aide

L'INTÉGRATION
Ne pas s'enliser dans l'apitoiement et le malheur, se donner le droit de continuer sa route

CHAPITRE 5

Mieux comprendre l'orientation sexuelle

J'ai eu l'innocence de croire que l'homophobie était chose du passé. L'avancement des sciences humaines et l'information diffusée sur ce sujet auraient dû suffire pour ouvrir les cœurs au respect et à l'accueil des différences. Les confusions entourant l'orientation sexuelle méritent plus d'éclairage.

Avant de présenter les résultats de mes réflexions sur le développement de l'orientation sexuelle chez un individu, voici deux histoires qui illustrent les difficultés parfois angoissantes qui se rapportent à cette question.

Mathieu, 27 ans, consulte pour un état de malaise persistant. Timide, il hésite à se confier. « Je suis gai », dit-il abruptement. « Gai ou homosexuel ? » Ma question le surprend. L'air dubitatif, il demande : « En quoi est-ce différent ? » Nous entamons une réflexion sur le sujet.

En général, les gens ne donnent pas la même connotation aux appellations « gai » et homosexuel. Je dirais, pour ma part, que tous les gais ne sont pas homosexuels et que l'homosexuel n'est pas nécessairement gai. L'appellation « gai » se rattache davantage à ce regroupement qui défend et même fait la promotion de conduites homosexuelles. Sous prétexte de défendre le droit d'être homosexuel, des groupes gais organisent des spectacles de style carnaval brésilien qui peuvent choquer et nuire à la cause défendue. Proposer l'épanouissement sexuel par des shows sexy, d'allure parfois dégradante, risque d'aggraver l'homophobie. Dans les manifestations gaies, on observe une tendance à l'exhibitionnisme qui n'avantage pas la personne d'orientation homosexuelle qui choisit de vivre une sexualité ajustée aux valeurs affectives proposées par le MIGS.

Mathieu semble soulagé de ne pas être identifié à ce qu'il nomme « les clowns de la rue ». Il se dit mal à l'aise devant ces démonstrations tonitruantes. Ce qui l'amène à cacher davantage ce qu'il est, un authentique homosexuel. Que quelqu'un s'identifie comme homosexuel ne retient pas en soi mon attention. J'évalue distinctement son état affectif, ses malaises et ses aspirations. L'évaluation de l'orientation sexuelle est requise chez les hétérosexuels qui se croient gais et qui agissent en homosexuels. Si une personne est réellement homosexuelle, l'évaluation est brève et précise.

Mathieu avoue avoir mal à l'âme et ne plus avoir le goût de vivre. C'est donc ce souterrain qu'il faut explorer. Nous parvenons ensemble à déceler deux souches d'angoisse. La première : il est né à l'aide de forceps, le cordon ombilical autour du cou. On sait que cette difficulté à la naissance peut engendrer des malaises persistants et placer l'individu dans un état de fragilité spécifique ; manquant de confiance en lui, il risque d'être très influençable ou paralysé par la crainte de l'échec.

L'autre source d'anxiété que Mathieu a eu de la difficulté à reconnaître est la relation avec sa mère. Il était le quatrième et dernier enfant après trois filles. Ses parents voulaient à tout prix un garçon. Avant sa naissance, sa mère avait même subi une interruption de grossesse quand elle avait su qu'elle portait une autre fille. Malheureusement, il y avait eu erreur, le fœtus avorté était un garçon. D'une certaine façon, ce jeune homme avait remplacé le garçon éliminé et était une réponse au besoin et au vide de ses parents. Il présentait les symptômes d'un enfant de remplacement. Porot (1994) a étudié ce syndrome et il le décrit comme un handicap pour trois raisons principales : le remplaçant naît dans une atmosphère de deuil non liquidé ;

identifié au disparu dont on lui attribue la place, il n'a pas le droit d'être lui-même ; enfin, pèse sur lui un sentiment de culpabilité tout à fait paradoxal.

Ces circonstances difficiles n'expliquent pas l'orientation sexuelle de Mathieu, mais bien ses malaises profonds. L'accompagnement a par conséquent été dirigé vers le traitement de la détresse. Il cessa de parler de son orientation sexuelle qui n'était pas une difficulté en soi, mais une construction de base qui faisait partie de son développement sexuel. Le travail a donc été centré sur la récupération de son être. Il s'est engagé à faire les exercices d'autothérapie et à traiter les malaises qu'il portait dans son âme et son corps. Comme nous l'avons déjà signalé, la thérapie est simple : au lieu de se fixer sur une situation problématique, la personne est invitée à ouvrir des horizons, à accueillir sa détresse, à activer son potentiel, à choisir pour elle-même aujourd'hui et non en fonction de son passé.

Sa marraine et tante maternelle, pétrie de préceptes religieux, a fait un drame en apprenant son orientation sexuelle. Il s'est senti rejeté par elle. Exagérément attaché à sa mère et à sa marraine, il a été difficile pour Mathieu de se libérer du jugement de ces deux femmes qui n'acceptaient pas son orientation et de se dégager de l'emprise qu'elles avaient sur lui. Il ne voulait pas leur faire de peine et il s'efforçait de devenir ce qu'il n'était pas.

Durant l'accompagnement, il est important de distinguer les difficultés relatives à la vie sexuelle des désordres causés par des détresses résultant du rejet de l'orientation ou de la conduite sexuelle. Dans le cas de Mathieu, être homosexuel et avoir des relations avec un autre homme homosexuel ne constituait pas un problème. Ce sont ses détresses d'enfant et le pouvoir que sa mère et sa tante avaient encore sur lui qui ont fait l'objet du processus thérapeutique. En se libérant de ses angoisses, il a pu récupérer sa liberté et son droit de choisir pour lui-même, en accord avec son être profond. Il est engagé en couple avec Serge, 29 ans, qui lui aussi a choisi de se donner la chance de vivre en vérité.

Mathieu et son conjoint sont des professionnels de la santé, engagés parallèlement dans des projets pour venir en aide aux enfants du tiers monde. Ils ont adopté deux orphelins : un garçon de 3 ans et une petite fille de 2 ans. Ils se sont préoccupés d'assurer aux petits la sécurité et une figure parentale féminine. La mère et une tante de Serge en prennent soin durant la journée. Pour les deux enfants, il est tout naturel d'appeler « maman » cette tante de 36 ans, et « papa » leurs parents adoptifs.

Certains pourraient s'offusquer d'une telle situation. J'invite plutôt à la compréhension et à l'ouverture. Si les valeurs affectives – le respect, la vérité, la liberté, la fidélité – sont inculquées, les enfants reçoivent déjà un bon héritage. Nous savons tous qu'un enfant a besoin de figures parentales masculine et féminine bien identifiées pour favoriser son développement sexuel et affectif. Il a aussi besoin d'un milieu sain et de parents jouissant d'un bon équilibre psychique. Ce couple, formé de deux hommes, parents adoptifs de deux jeunes enfants, offre à ces derniers un milieu de choix. Les enfants y grandiront en connaissant la vérité sur leur origine. Un enfant s'adapte facilement et se développe bien quand il est traité avec amour et respect.

La deuxième histoire, celle de David, est bien différente. C'est un hétérosexuel primaire qui pratique l'homosexualité. Il en est arrivé à croire qu'il était homosexuel à la suite d'aventures avec des « gais ». Il a consulté des intervenants qui lui ont conseillé d'assumer son homosexualité. Ils n'ont pas su détecter que ce n'était pas son orientation de base. Entre 11 et 15 ans, alors qu'il était au pensionnat, il a subi des abus et été initié aux relations homosexuelles par un surveillant d'étude. Par la suite, à l'âge de 18 ans, sous l'influence d'amis, il a fréquenté des bars de danseuses puis des maisons de prostituées. Son but, comme il le dit : « Je devais me guérir de mon homosexualité. »

Dès la première rencontre, David déclare : « Je n'ai pas choisi d'être homosexuel. C'est une épreuve avec laquelle je dois vivre. » Une remarque me paraît pertinente : un homosexuel authentique ne vit pas son orientation comme une épreuve. Il ressent de façon exclusive une attirance érotique envers une personne qui correspond à son identité sexuelle. Son malaise vient davantage, nous l'avons vu, de son entourage, de qui il peut se sentir rejeté.

David avait du plaisir dans ses pratiques homosexuelles aussi bien qu'hétérosexuelles, tout en considérant son homosexualité comme une malchance. Après avoir consulté deux thérapeutes, il a naïvement décidé de mettre fin à ses rapports avec des femmes pour assumer et mieux vivre son homosexualité. Depuis deux mois, il avait un petit ami qui lui réclamait l'exclusivité. Le principal motif de consultation était donc son incapacité d'être fidèle à son copain et la peur de le perdre. Il avait, en effet, terriblement peur d'être surpris ou d'être dénoncé dans son infidélité.

L'accompagnement se réalisa en deux temps. D'abord, le traitement de traumatismes passés encore agissants aujourd'hui. Par la suite, il fallait clarifier son orientation sexuelle. Ayant du plaisir avec des hommes et des femmes, il est certain qu'il n'était pas homosexuel. S'agissait-il d'un bisexuel ? Il est inconfortable pour un hétérosexuel de vivre l'intimité sexuelle dans l'homosexualité ou la bisexualité, même si cela est possible et procure du plaisir.

Durant la première étape, David était souvent désemparé. Il abandonna le processus à deux reprises ; l'appréhension d'être dénoncé le rendait nerveux et hyperactif. Appelé à voyager pour son travail, il disait : « Je suis incapable de vivre des jours sans rapports sexuels. » Il souffrait donc de compulsion sexuelle incontrôlable. Il ne savait plus qui il était. Dans les fêtes et les soirées il se montrait enjoué, mais en privé, il se décrivait comme un homme malheureux. Il disait souvent : « Je trouve la vie lourde et longue. »

Il a traité les effets de l'abus sexuel au pensionnat. Se libérer de ce traumatisme fut particulièrement pénible puisqu'il en avait retiré du plaisir. Au chapitre trois, j'ai traité de ces spécificités qui méritent une attention particulière. Il a également dû se « dépornographiser » le cerveau. Ce traitement consiste à amener l'individu à se débarrasser d'impressions cérébrales qui entravent les relations d'intimité et finissent par créer un désordre profond en soi et dans les rapports avec autrui.

Au cours de sa démarche, il a dû affronter sa relation tourmentée avec son père. Au début, il affirmait avoir eu un père idéal. Très fortunée, la famille voyageait un peu partout dans le monde. Sa mère, son frère aîné, sa sœur cadette et lui-même étaient en somme des privilégiés. Mais ce beau roman cachait une réalité pitoyable. Son père était jaloux et faisait souvent des scènes à sa femme et à sa fille, deux femmes qu'il disait pourtant adorer. À l'occasion, David avait vu son père céder à la violence verbale et même physique. La sœur de David a 30 ans et vit encore chez ses parents. Elle n'a pas besoin de travailler pour gagner sa vie et accompagne ses parents en voyage. Quand sa mère est fatiguée ou malade, c'est elle qui couche avec son père. Ces dysfonctionnements familiaux l'ont amené, très jeune, à se divertir avec des amis dont l'influence était néfaste. Avec son frère de deux ans son aîné, il s'est adonné à la drogue, à l'alcool et à la porno. Son père ne s'occupait pas d'eux. Son seul souci était qu'ils agissent en garçons bien éduqués, affables et courtois. Un jour, dans un accès de fureur, David a déchiré toutes ses photos de voyages, comme autant d'images factices et trompeuses.

Après s'être engagé à trois reprises dans le processus thérapeutique, David a réussi à se reconstruire. Assidu aux exercices thérapeutiques, il a pris conscience que ses multiples pratiques sexuelles faisaient partie de ce qu'il appelait sa drogue. Une personne aux prises avec des angoisses primaires adopte des comportements qu'elle ne choisit pas, mais qui deviennent de plus en plus compulsifs et dysfonctionnels. Étant donné que ces addictions ont comme effet d'engourdir le mal, malgré leurs conséquences dommageables, elle en vient à s'accommoder et à se satisfaire de son état.

Le deuxième temps du processus, consacré à l'évaluation de l'orientation sexuelle de David, a été très court. Tout naturellement, il a mis fin à sa relation de couple homosexuel et s'est engagé avec une femme qui lui convenait. Étant d'orientation hétérosexuelle primaire, il était devenu évident pour lui qu'il devait mettre fin à une pratique qui allait contre lui-même.

Les histoires de Mathieu et de David nous aideront à mieux comprendre l'exposé suivant qui présente l'orientation sexuelle selon le MIGS. Ces données, inspirées du modèle de Crépault (1997), décrivent les différentes phases observées dans le développement de l'intérêt érotique.

Phase 1: intérêt instinctif morphologique homosexuel. En présence de deux figures parentales distinctes et adéquates, un enfant de 18 à 30 mois aura tendance à manifester sa préférence pour le parent qui correspond à son sexe biologique; un petit garçon réclamera les soins de son père, tandis que la fillette les réclamera de sa mère. Tout porte à croire que dans un milieu familial classique et adéquat, le premier intérêt érotique serait homosexuel. Étant donné qu'à cet âge l'enfant n'est pas dans une phase érotico-génitale dominante, cet intérêt n'est pas retenu. Il peut en partie expliquer, chez l'hétérosexuel primaire, la capacité d'avoir du plaisir dans l'homosexualité ou d'avoir des fantasmes et des désirs homosexuels.

La phase 2 est dominante et assure l'authenticité de l'orientation sexuelle primaire. Entre 3 et 6 ans, l'enfant apparaît encore dans son innocence d'enfant, mais il a une capacité impressionnante de percevoir l'environnement. C'est à cet âge qu'il construirait son identité et son orientation sexuelles. Ces deux élaborations s'établissent en parallèle. Le garçon s'identifiera à l'homme, et la petite fille, qui a naturellement son identité féminine dès l'état fusionnel avec sa mère, doit s'identifier comme femme et personne différente de sa mère.

Fréquemment, les gens et même des intervenants confondent l'identité et l'orientation sexuelles. Ce sont pourtant deux caractéristiques distinctes. L'identité sexuelle se rapporte au ressenti affectif d'être homme ou femme, tandis que l'orientation sexuelle s'applique à l'intérêt érotique ressenti. La première se rattache à l'expérience affective, la seconde est de dimension érotique.

La 3ᵉ phase s'explique par cet intérêt pour qui nous ressemble. Il est facile d'observer chez les enfants de 7 ans jusqu'à la puberté une préférence pour leurs semblables. On voit souvent deux garçons se prendre par les épaules ou deux filles se tenir par la main. À cet âge, le contact physique est spontané et naturel entre jeunes du même sexe.

À l'époque d'une sexualité précoce, des jeunes de sexe différent peuvent jouer à former un couple. Ces manifestations sont davantage une réponse à des stéréotypes proposés. Elles peuvent aussi être une attirance vers la caractéristique ou vers la personne différente de son identité sexuelle. Naturellement, libre de l'influence sociale, l'enfant de cet âge s'attache de façon privilégiée à l'autre de même sexe et surtout d'identité sexuelle correspondante, et il ne cherche pas nécessairement une réponse à son intérêt hétérosexuel primaire.

Cette troisième étape d'intérêt homosexuel est liée à l'acquisition de l'estime de soi. Apprendre à s'aimer, c'est en quelque sorte s'éprendre de ce que l'on est. D'où la préférence pour ceux ou celles qui reflètent leur propre identité. Selon certains, la fixation à cette phase déterminerait l'orientation homosexuelle. Selon le MIGS, le maintien de cet intérêt homosexuel signifierait davantage une orientation homosexuelle secondaire à l'adolescence. Cet intérêt se maintiendrait soit par :

• l'absence d'éveil de l'intérêt établi à la phase 2 que je considère dominante dans l'orientation sexuelle ;
• un échec dans l'hétérosexualité ;
• la peur des exigences d'une relation hétérosexuelle ;
• une aventure homosexuelle ;
• un commentaire négatif d'un ou d'une partenaire dans une liaison hétérosexuelle, etc.

La 4ᵉ phase est généralement une activation de l'intérêt érotique ressenti à la phase 2 (hétérosexuel ou homosexuel primaire). Chez l'hétérosexuel primaire, une prolongation ou une fixation à la troisième étape (intérêt homosexuel) peut se produire. Cette dernière étape se traduisant généralement à l'adolescence par une réactivation de l'orientation établie en phase 2, peut aussi être influencée par le phénomène de la puberté. La production hormonale, beaucoup plus active, provoquerait un éveil érotique important. À ce stade, l'orientation acquise et cristallisée avant la seconde enfance se manifesterait plus fortement par une attirance, des fantasmes et des expériences de rapprochement qui ne correspond pas nécessairement à la phase 2.

Tel que noté auparavant, à la suite d'un blocage émotionnel ou d'un événement marquant, les attirances hétérosexuelles peuvent être inhibées. Un individu d'orientation hétérosexuelle peut donc avoir des conduites homosexuelles.

Voici maintenant les notions de base proposées par le MIGS. Le but principal est d'élargir un horizon pour mieux comprendre et respecter les différentes orientations sexuelles.

L'orientation sexuelle selon le MIGS

Définition : Avoir une attirance érotique préférentielle pour les personnes qui correspondent :

— à son identité sexuelle (personne de son sexe)
— à une identité sexuelle différente (personne de l'autre sexe).

L'orientation sexuelle serait une « construction » qui se fait entre trois et six ans. La pulsion sexuelle incite à avoir du plaisir ou de la satisfaction, à se compléter et à se prolonger. Elle peut être motivée davantage par l'une des trois composantes – érotique, affective, spirituelle – de la pulsion sexuelle.

La préférence érotique est généralement influencée par l'état affectif. Un enfant peut utiliser « l'érotisation » soit pour résoudre un manque ou un malaise affectif, soit pour répondre à une gratification affective ou une sensation de plaisir. Lors de l'acquisition de l'orientation sexuelle, un enfant peut être fidèle à la pulsion érotique (dans le plaisir ou la complémentarité) afin de se sécuriser et de se stabiliser dans son processus de sexualisation.

Un enfant développe généralement un intérêt sexuel qui le complète dans son identité sexuelle. Cela peut se faire par intérêt envers une figure parentale différente de son identité sexuelle, mais il peut aussi se fixer sur une figure semblable.

L'exemple suivant aidera à comprendre.

Histoire de Sylvain

La naissance de Sylvain, en 1947, et les six premiers mois de son existence ont été assez éprouvants. L'infirmière rurale et sa mère n'ont pu trouver la cause de ses pleurs abondants. Son père, homme irascible, exigeait le calme, parlait fort et s'emportait pour des riens. Il ne faisait jamais de compliments, que des remarques. Sylvain n'a reçu de lui ni affection ni approbation. Sa première émotion profonde : l'homme lui faisait peur. Il s'est donc réfugié dans la douceur féminine. Mais son besoin d'amour masculin n'a jamais été comblé et il l'a quêté toute sa vie dans l'homosexualité. Pourtant, disait-il, il avait connu des gars battus par leur père qui n'étaient pas homosexuels. Alors qu'en est-il ?

Il se rappelle son enfance. Sa mère était cyclothymique depuis la vingtaine. Elle s'est mariée à 32 ans et a gardé son beau-père durant 40 ans, ce qui signifiait recevoir et parfois héberger la parenté. C'était une femme vaillante, douce, affectueuse, dévote et scrupuleuse. Devenue enceinte un an après son mariage, elle avait offert l'enfant à Dieu, espérant qu'il soit de sexe masculin pour le destiner à la prêtrise.

Il décrit le mariage de ses parents comme un ménage à trois : son père, sa mère et son grand-père paternel. N'étant pas heureuse dans cette union, sa mère s'est tournée vers ses enfants pour avoir de l'affection. Comme bien des femmes de sa génération, son rôle en était un de servante. Elle a eu quatre enfants, dont trois garçons.

Dès l'âge de 4 ans, Sylvain se cachait pour se regarder nu dans le miroir, chaussé de bottes d'homme. Sa mère ne tolérait pas que les garçons se promènent torse nu et ne permettait pas que ses enfants aillent à la plage. Il a souffert de ne pas pouvoir montrer son corps et il aurait voulu que sa mère l'admire.

Dans ses jeux d'enfant, il préférait jouer à la poupée avec ses cousines plutôt qu'au camion avec ses cousins. Pour éviter les critiques et les railleries, il faisait semblant. À l'âge de 8-9 ans, il fut puni par son institutrice parce qu'il jouait avec les filles. Elle le garda en classe avec deux autres filles, qui le cernèrent dans un coin pour l'habiller en robe. Elles l'escortèrent dehors pour l'exhiber aux autres en faisant le tour de l'école. Humilié par ces moqueries, il s'est réfugié dans un univers imaginaire.

À l'âge de 13 ans, il a commencé à avoir des jeux amoureux avec un garçon de sa classe. Surpris par le surveillant, ils sont sévèrement réprimandés ; son copain, par la suite, est devenu froid avec lui. Il a eu beaucoup de difficulté à surmonter cette « peine d'amour ». Quand il avait, comme il dit, ses « pollutions nocturnes », il se confessait de péché grave.

À dix-huit ans, il s'initia à la masturbation, qui devint une pratique compulsive. Toujours attiré par les garçons, il s'est mis à fréquenter des bars et des saunas gais. Ces activités le libéraient de sa noirceur, disait-il, et de la prison des interdits. Il payait pour des services sexuels et s'est lui-même prostitué par la suite. Il n'arrivait pas à comprendre sa tristesse et son besoin inassouvi.

Dans la quarantaine, il a sombré dans une dépression sévère. Il a dû quitter son emploi et est retourné à la ferme de ses parents. Il déclara son homosexualité à son père, qui fit comme s'il n'avait rien entendu. Incapable de s'insérer dans la vie d'une façon satisfaisante, il connut des épisodes suicidaires.

Il a trouvé refuge quelque temps dans un monastère. Il rendait service et se sentait bien dans ce milieu d'hommes. Il développa cependant une dépendance affective envers certains d'entre eux et cherchait à être pris en charge.

En somme, comme le reconnaît Sylvain, durant son enfance, son adolescence et une bonne partie de sa vie adulte, il s'est réprimé, a nourri une piètre estime de soi et vécu dans un état de détresse constante. C'est pour sortir enfin de son mal-être et se réconcilier avec lui-même qu'il est entré dans un processus thérapeutique.

Selon le tableau 25, Sylvain correspondrait, dans l'homosexualité, à la catégorie onze. Homme plutôt efféminé, physiquement homme, ayant une identité sexuelle masculine et une manifestation plutôt féminine. Il a un intérêt érotique exclusif pour le masculin.

L'histoire malheureuse de Sylvain ne doit pas être mise en relation directe avec le fait qu'il soit homosexuel. Des parcours semblables peuvent aussi se rencontrer chez des hétérosexuels avec des variantes spécifiques à leur orientation. Il est de première importance de distinguer l'histoire d'une personne de son orientation sexuelle.

Pour évaluer l'orientation sexuelle, il est primordial de :

- Déterminer l'identité sexuelle du sujet et de l'objet érotisé.
- Déterminer le sexe biologique du sujet et de l'objet érotisé.
- Clarifier les rôles et comportements du sujet et de l'objet érotisé.
- Identifier la cible de l'érotisation, le corps, la manière d'être, les gestes sur l'objet érotisé.
- Identifier les fantasmes et le réseau symbolique du sujet.
- Évaluer les fantasmes lors de désirs et de conduites sexuelles.

Hétérosexuel primaire : investissement hétérosexuel dans une personne présentant des caractéristiques différentes de son identité sexuelle (genre, manière d'être, parties du corps). L'hétérosexuel a cristallisé avant l'âge de raison une attirance hétérosexuelle, mais il peut avoir des intérêts et des conduites hédonistes homosexuelles.

Homosexuel primaire : investissement homosexuel dans une personne présentant des caractéristiques similaires à son identité sexuelle (genre, manière d'être, parties du corps). L'homosexuel a cristallisé avant l'âge de raison une attirance exclusive homosexuelle ; il ne peut avoir d'intérêts ni de conduites hédonistes dans l'hétérosexualité.

Bisexuel : investissement hétérosexuel et homosexuel dans une personne présentant des caractéristiques différentes ou similaires à son identité sexuelle. Le bisexuel a cristallisé avant l'âge de raison une attirance hétérosexuelle et homosexuelle. Malgré ses intérêts et des conduites hétérosexuelles et homosexuelles, cet individu en arrive à préciser une dominance. Il a avantage à s'orienter dans le sens de cet intérêt dominant qui est généralement l'hétérosexualité.

Ces investissements et intérêts se forment dans des centres spécifiques du cerveau sous l'influence de la pulsion sexuelle dans ses trois dimensions : érotique, affective, spirituelle (cognitive). Ces organisations inconscientes répondent au désir de complémentarité et de sensation de plaisir suite à des gratifications ou à des privations affectives. Selon l'expérience affective vécue, le phénomène d'érotisation peut se classer dans l'orientation sexuelle défensive. Crépault (1997) rappelle que la sexualité peut servir à des fins défensives. Il nomme ce développement « fonction complétive » de la sexualité.

L'intérêt érotique peut donc servir à réparer une blessure, annuler un sentiment, se libérer de l'anxiété du complexe fusionnel, contrer une peur, convertir un traumatisme en triomphe, alléger la solitude ou un sentiment de vide narcissique et masquer une ambivalence dans l'identité sexuelle.

Un enfant peut de façon inconsciente

>   érotiser le manque paternel ou maternel
>   érotiser son désir défusionnel
>   érotiser son état fusionnel initial
>   érotiser son besoin de gratification
>   érotiser son désir de virilité
>   érotiser son besoin d'être désiré
>   etc.

L'atteinte du plaisir et le besoin de complémentarité seront généralement les éléments dominants. La prolongation du plaisir fusionnel, lié à la symbiose maternelle, est une acquisition défensive qui me semble assez fréquente. Chez le garçon, elle donnerait une hétérosexualité fusionnelle, tandis que chez la fille, elle donnerait une homosexualité fusionnelle.

L'intérêt érotique envers la figure paternelle manquante (absente ou inadéquate) donnera chez la fille une hétérosexualité défensive en réaction à son anxiété fusionnelle, et chez le garçon, une homosexualité de complémentarité dans l'acquisition de son identité sexuelle. Le modèle sexoanalytique présenté dans les travaux de Crépault (1986, 1993, 1997) apporte un éclairage utile à la compréhension de la complexité du développement sexuel de 2 à 6 ans, ce que j'appelle la « construction sexologique » de base.

Que cette construction érotique se fasse de façon défensive ou sous l'effet d'un bien-être affectif, elle s'établirait et se cristalliserait avant l'âge de raison, avant l'âge de différenciation importante dans le développement du cerveau humain. Dans le cas où l'orientation s'est formée sous l'effet d'une détresse sexuelle, il devient indispensable de se libérer de ces malaises qui, dans le cas contraire, engendrent des conduites dysfonctionnelles. L'hétérosexualité tout comme l'homosexualité peuvent se construire dans le manque et donner lieu à des conduites addictives ou compulsives.

Malheureusement, l'évaluation de l'orientation sexuelle d'un individu a souvent été faite à partir de critères variés et parfois peu sérieux. Pour les uns, la classification se faisait en tenant compte du nombre de conduites homo ou hétérosexuelles. Si une personne avait eu uniquement des conduites homosexuelles, elle était considérée comme homosexuelle. Une autre qui avait des fantasmes ou désirs homosexuels était classée dans la même catégorie. Si elle n'avait jamais eu de rapports hétérosexuels, elle risquait aussi d'être classée homosexuelle, et ainsi de suite. Les études de Crépault (1986, 1997) mettent en lumière la difficulté d'établir une opinion scientifique claire au sujet de l'orientation sexuelle. C'est d'ailleurs à la suite de rencontres avec des personnes désorientées après avoir reçu des conseils erronés que j'ai vu l'intérêt d'appliquer le modèle MIGS pour comprendre l'orientation sexuelle.

Il importe d'évaluer en premier lieu l'identité sexuelle de l'individu, ses attirances érotiques, les aspects érotisés (plus féminins, plus masculins), les préférences dans l'échange amoureux, etc. Une personne hétérosexuelle peut avoir eu des rapports amoureux exclusivement avec des personnes de son genre ; tout comme un homosexuel peut avoir eu des intimités avec une personne de l'autre genre. Chaque situation demande une attention spécifique.

Dans la distinction entre hétérosexuel et homosexuel, un élément clef attire l'attention. Un homosexuel authentique (primaire) n'a jamais eu, dans son histoire, de rêves, de fantasmes, de désirs ou de plaisir dans un cadre hétérosexuel. S'il a des rapports hétérosexuels, sous l'effet de modes ou de pressions sociales, il vivra la relation en ayant un imaginaire qui le situe dans une ambiance nettement homosexuelle. La situation est différente pour l'hétérosexuel, qui peut s'exciter à l'aide de rêves, de fantasmes, de comportements homosexuels ; ces conduites ne veulent pas dire pour autant qu'il est homosexuel. Déterminer l'orientation sexuelle en se fondant sur des pratiques ou des fantasmes est une erreur de plus en plus fréquente. Il est injustifiable d'inviter un homosexuel à s'adonner à des conduites hétérosexuelles. Et il est aussi désastreux d'inviter un hétérosexuel à pratiquer l'homosexualité. On ne peut arriver à découvrir son orientation sexuelle en pratiquant les deux. C'est une proposition assez fréquente dans les temps actuels, qui désoriente et engendre des états d'angoisse.

Je rappelle que dans le développement de l'orientation hétérosexuelle, l'enfant traverse normalement deux épisodes d'intérêt homosexuel. Vers l'âge de deux ans, il a par instinct une attirance naturelle pour la personne donneuse de soins qui correspond à sa propre anatomie. La deuxième phase se situe à la seconde enfance, entre l'âge de raison (6-7 ans) et la puberté. Cette nouvelle étape d'intérêt homosexuel serait liée au développement de l'estime de soi.

Ces deux phases sont, selon le MIGS, motivées par la pulsion sexuelle dans ses dimensions érotique et affective. Chez un individu d'orientation hétérosexuelle, ces phases d'intérêt envers une personne de son sexe expliqueraient un éveil occasionnel ou situationnel de désirs et d'attirances homosexuels (les deux épisodes d'intérêt homosexuel). Par exemple, une personne hétérosexuelle déçue dans une liaison amoureuse peut avoir des fantasmes homosexuels. Elle peut même passer à l'acte. Ce phénomène se rencontre fréquemment chez les adolescents hétérosexuels et les adultes déçus dans l'hétérosexualité. Il est donc inquiétant de constater que des intervenants disent à des adolescents d'aller jusqu'au bout de leur intérêt quand ils ressentent des désirs homosexuels. La nécessaire lutte contre l'homophobie ne doit pas se faire au détriment de jeunes hétérosexuels pas très sûrs de leur identité de genre. Il est malavisé d'ajouter à leur confusion en les invitant à explorer l'homosexualité.

Les tableaux qui suivent proposent une vue d'ensemble de la sexualité adulte dans ses diverses formes et variantes possibles.

Les symboles et abréviations utilisés sont courants. Pour en faciliter la lecture, je les présente à nouveau.

1 - [♂] : physiquement un homme
     [♀] : physiquement une femme
2 - I.S. : identité sexuelle
     IS[♂] : identité sexuelle masculine : une personne de genre masculin
     IS[♀] : identité sexuelle féminine : une personne de genre féminin
3 - masculin : un homme de manifestation masculine
     efféminé : un homme de manifestation féminine
     féminine : une femme de manifestation féminine
     masculine : une femme de manifestation masculine
4 - les flèches indiquent l'aspect érotisé

À l'aide des tableaux 24 et 25, je vais évaluer les situations de Mathieu et David.

Mathieu est un homme à l'identité sexuelle bien définie. Il est d'allure masculine et son conjoint est aussi un homme à caractère masculin. Son intérêt érotique se fixe davantage sur le corps masculin. Selon nos catégories, il correspond au n° 1 du tableau 25 dans la catégorie des homosexuels : il est homme physiquement, avec une identité sexuelle masculine et une manifestation masculine. Il érotise le corps d'un homme à caractère masculin.

David correspond davantage aux n°s 1 et 7 du tableau 24 dans la catégorie des hétérosexuels. C'est un homme avec une identité sexuelle et une manifestation masculines. Il est attiré par le féminin des hommes et aussi par les femmes féminines. Ses conduites bisexuelles ont en commun un intérêt érotique spécifique au féminin.

Je réserve les tableaux relatifs à la transsexualité aux professionnels MIGS. Malgré son intérêt, elle comporte des particularités qui demandent un développement plus élaboré.

Crépault (1986 et 1997) offre une piste de réflexion aidant à clarifier différentes classifications de l'orientation sexuelle. Ses nuances terminologiques et son relevé nosologique et étiologique apportent un éclairage à la fois distinct et complémentaire. Le lecteur désireux de compléter ou de comparer le modèle MIGS à une autre école sexologique aura intérêt à consulter les ouvrages de l'école sexoanalytique.

En définitive, on ne saurait être trop prudent et averti quand il s'agit de « diagnostiquer » l'orientation sexuelle d'une personne.

TABLEAU 24

Hétérosexualité selon le MIGS

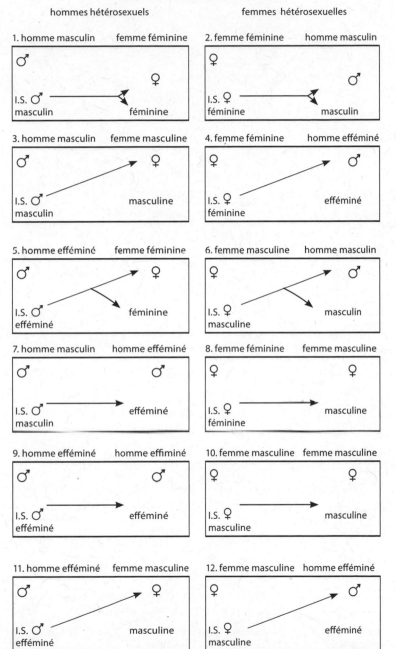

hommes hétérosexuels   femmes hétérosexuelles

1. homme masculin   femme féminine   2. femme féminine   homme masculin

3. homme masculin   femme masculine   4. femme féminine   homme efféminé

5. homme efféminé   femme féminine   6. femme masculine   homme masculin

7. homme masculin   homme efféminé   8. femme féminine   femme masculine

9. homme efféminé   homme effiminé   10. femme masculine   femme masculine

11. homme efféminé   femme masculine   12. femme masculine   homme efféminé

TABLEAU 25

Homosexualité selon le MIGS

hommes homosexuels   femmes homosexuelles

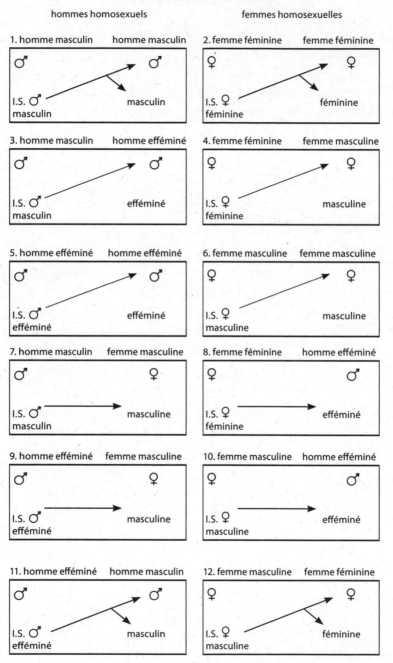

1. homme masculin   homme masculin

2. femme féminine   femme féminine

3. homme masculin   homme efféminé

4. femme féminine   femme masculine

5. homme efféminé   homme efféminé

6. femme masculine   femme masculine

7. homme masculin   femme masculine

8. femme féminine   homme efféminé

9. homme efféminé   femme masculine

10. femme masculine   homme efféminé

11. homme efféminé   homme masculin

12. femme masculine   femme féminine

Conclusion
Être son propre thérapeute

Chers lecteurs,

Si vous avez pris le temps de lire ce livre, vous aurez sans doute dégagé vos conclusions. L'objectif était bien sûr de faire valoir la pertinence et les bienfaits de la méthode clinique MIGS comme voie d'accès au mieux-être. Il reste que la démarche proposée a ses exigences. Il faut s'impliquer, se responsabiliser, devenir son propre thérapeute.

Comment croire et comprendre :

- Qu'une personne aux prises avec un trouble mental important puisse se rétablir et se reconstruire ?
- Qu'une personne ayant commis un acte pédophilique n'est généralement pas un pédophile ?
- Que l'authentique homosexualité est une variante tout à fait naturelle, rencontrée chez une minorité d'hommes et de femmes ?
- Que la pornographie est un virus qui tue l'érotisme et la capacité d'aimer ?
- Que l'adulte peut et doit être son propre thérapeute ?

Comment croire et comprendre que l'être humain est bien fait et qu'il a ce qu'il faut pour récupérer son être et son bien-être ?

L'être humain est fondamentalement fait pour l'amour. Il porte un GPS affectif qui lui indique le chemin de la guérison et de l'accomplissement de soi. Aux prises avec des situations qui menacent son intégrité, il se désorganise. En se donnant les moyens pour affronter et traiter sa détresse, il apprendra aussi à utiliser ses états d'angoisse comme outils de croissance et de réalisation personnelle. Le MIGS clinique est donc une méthode qui aide à traverser les épreuves mais surtout à réactiver les potentialités de l'être. En favorisant l'autonomie thérapeutique, il permet en outre d'éviter les thérapies coûteuses et longues.

La condition humaine et sa chaîne de transmission de génération en génération rend inhérente l'expérience de l'angoisse. Le principal obstacle rencontré est que trop souvent l'être humain n'a pas été formé pour vivre sa condition humaine. Il rêve d'un état non concordant avec les lois biologiques propres à l'être humain. Il n'a pas eu la chance d'apprendre à traverser les épreuves subies et provoquées.

Un choc, un traumatisme, bloque les circuits dans le cerveau. Les circuits qui connectent les différentes parties du cerveau doivent être débloqués pour permettre à la personne d'avoir accès aux zones du cerveau qui rendent possible la résolution de ses difficultés.

Les effets d'un traumatisme s'inscrivant dans le corps, il faut donc que le corps soit impliqué dans le traitement. Parler, exprimer sa douleur, ne suffit pas pour guérir et retrouver le bien-être. Les exercices de respiration, la marche thérapeutique, les mouvements de bilatéralité, ainsi que des protocoles spécifiques au traitement des émotions et des sentiments sont utiles pour atteindre le bien-être désiré.

L'école MIGS offre ses services aux personnes et aux groupes d'intervenants qui en font la demande. Comme il s'agit d'un modèle intégratif, l'interdisciplinarité est à la fois une condition et un atout. Les différents modes d'interventions – qui demandent une formation de base et l'engagement dans un processus personnel – sont de trois catégories :

L'intervention professionnelle, qui requiert le niveau accompagnateur, ou thérapeute, ou maître selon les critères de l'IIDI (Institut international de développement intégral).

L'intervention d'accompagnement en laboratoire, qui requiert le niveau aide ou auxiliaire selon les critères de l'IIDI.

L'intervention au niveau social, qui est accessible à tous et à toutes.

Le résultat souhaité dans une relation d'aide est que la personne en arrive à :

- assurer son lieu sûr → retrouver son « JE SUIS » comme force d'intégration
- comprendre son propre fonctionnement → se rétablir et se reconstruire
- comprendre l'autre → interagir dans le respect
- comprendre la société → agir pour la rendre plus humaine

Le MIGS offre des outils simples et efficaces. Sa proposition de base pourrait se formuler ainsi : être bien pour être soi.

Liste des tableaux

1. Logo de l'IIDI et logotype MIGS   33
2. Être unique protégé contre le mal   33
3. Trois sources d'énergie pour l'accomplissement de soi   37
4. Trois plans d'observation   42
5. Domaines fondamentaux pour traiter un malaise   44
6. Concept d'intervention triple   47
7. Vision mythique de la réalité actuelle   49
8. Trois lois thérapeutiques   51
9. Trois étapes fondamentales à l'intervention   53
10. Trois peurs fondamentales   56
11. Étapes à considérer dans un processus de traitement   68
12. Le schéma du plaisir   70
13. Le cercle du stress et de la détente   70
14. La santé mentale chez l'adulte   77
15. Facteurs permettant de récupérer son être   83
16. Dynamique de l'expérience de l'angoisse   117
17. L'expérience émotionnelle   119
18. ME (molécules de l'émotion)   120
19. Réaction émotionnelle   120
20. L'arbre thérapeutique   130
21. L'échec d'un deuil   139
22. La réussite d'un deuil   141
23. Faire son deuil   142
24. Hétérosexualité selon le MIGS   161
25. Homosexualité selon le MIGS   162

Orientation bibliographique

CRÉPAULT, C., *Protoféminité et développement sexuel. Essai sur l'ontogenèse et ses vicissitudes*, Sillery, Presses de l'Université du Québec, 1986.

—, *Modèle de diagnostic et de traitement sexuel : approche sexoanalytique (notes de cours)*, Montréal, UQAM, 1993.

—, *La sexoanalyse. À la recherche de l'inconscient sexuel*, Paris, Payot, 1997.

Garrabé, J., *Dictionnaire taxinomique de psychiatrie*, Paris, Masson, 1989.

GAUTHIER, Y., G. FORTIN et G. JELIU, *L'attachement, un départ pour la vie*, Éditions du CHU, Sainte-Justine, 2009.

LEVINE, P.A. et A. FREDERICK, *Waking the Tiger : Healing Trauma : The Innate Capacity to Transform Overwhelming Experiences*, North Atlantic Books, Berkeley, California, 1997.

PERT, C.B., *Molecules of Emotion. The Science Behind Mind-Body Medicine*, Simon & Schuster, 1997.

POROT, M., *L'enfant de remplacement*, Clermont-Ferrand, Éditions Sciences et Culture, 1994.

RIZZOLATTI, G. et autres, *Premotor Cortex and the Recognition of Motor Actions*, Parme, Éditions Université de Parme, 1996.

ROQUE, J., *EMDR. Une révolution thérapeutique*, Paris, La méridienne/Desclée de Brouwer, 2004.

SERVAN-SCHREIBER, D., *Guérir le stress, l'anxiété et la dépression sans médicaments ni psychanalyse*, Mesnil-sur-l'Estrée, Firmin Didot, groupe CPI, 2003.

SHAPIRO, F., *Efficacy of the Eye Movement Desensitization Procedure in the Treatment of Traumatic Memories*, Journal of Traumatic Stress 2, 1989.

—, *Eye Movement Desensitization and Reprocessing: Basic Principles, Protocols and Procedures*, 2ᵉ Éd. New York, Guilford Press, 2001.

—, *Manuel d'EMDR, Principes, protocoles, procédures,* Paris, Dunod-InterÉditions, 2007.

Tribolet, S., *Lexique de santé mentale,* Toulouse, Éditions de santé, 1997.

TVER, D.F. et B.M. TVER, *Encyclopedia of Mental and Physical Handicaps,* Austin, PRO-ED, 1991.

Table des matières

Récit liminaire   9

Introduction   13

PREMIER CHAPITRE
Historique du MIGS clinique   17

CHAPITRE 2
Présentation des données de base en clinique   31

CHAPITRE 3
Mieux comprendre la détresse humaine   73
1. L'autorégulation   73
2. L'espace personnel   84
3. Le défi de devenir adulte   86
4. Mieux comprendre la maladie mentale   91
5. Mieux comprendre la déviance sexuelle   106
6. Mieux comprendre la victime sexuelle   124

CHAPITRE 4
Une démarche de mieux-être à la suite d'un deuil   131

CHAPITRE 5
Mieux comprendre l'orientation sexuelle   143

Conclusion   163

Liste des tableaux   167

Orientation bibliographique   169

Ce livre a été imprimé au Québec en mars 2010
sur du papier entièrement recyclé
sur les presses de Transcontinental impression.